근대 인물이 납신다

근대 인물이 납신다
20명의 인물이 들려주는 근대의 역사

초판 1쇄 발행 2019년 3월 25일
초판 2쇄 발행 2020년 10월 28일

글 어린이역사연구회 그림 김규택
펴낸이 연준혁 출판부문장 이승현 편집 1본부 본부장 배민수

편집 8부서 부서장 최순영 책임편집 콘텐츠뱅크 디자인 하늘·민, 명희경

펴낸곳 (주)위즈덤하우스 출판등록 2000년 5월 23일 제13-1071호
주소 경기도 고양시 일산동구 정발산로 43-20 센트럴프라자 6층
전화 (031) 936-4000 내용문의 (031) 936-4165 팩스 (031) 903-3891
전자우편 scola@wisdomhouse.co.kr 홈페이지 www.wisdomhouse.co.kr

ⓒ 어린이역사연구회, 김규택 2019
ISBN 978-89-6247-166-3 74900 · 978-89-6247-681-1(세트)

이 책의 전부 또는 일부 내용을 재사용하려면 반드시 사전에 저작권자와
(주)위즈덤하우스의 동의를 받아야 합니다.

이 도서의 국립중앙도서관 출판예정도서목록(CIP)은 서지정보유통지원시스템 홈페이지
(http://seoji.nl.go.kr)와 국가자료공동목록시스템(http://www.nl.go.kr/kolisnet)에서
이용하실 수 있습니다. (CIP제어번호 : CIP2019003631)

* 인쇄·제작 및 유통상의 파본 도서는 구입하신 서점에서 바꿔드립니다.
* 책값은 뒤표지에 있습니다.
* 스콜라는 (주)위즈덤하우스의 아동·청소년 브랜드입니다.

20명의 인물이 들려주는 ★ 근대의 역사

근대 인물이 납신다

어린이역사연구회 글 • 김규택 그림

위즈덤하우스

《근대 인물이 납신다》를 선보이며

1876년 바다에서 일본 군함이 강화도를 겨냥한 가운데 조선과 일본 대표가 만나 '강화도 조약'을 맺었다. 이렇게 우리는 강압적으로 '근대'라는 새롭고 낯선 시대와 만났다. 하지만 스스로의 힘으로 근대화를 이루지 못했다. 게다가 일제 강점기를 겪어 '근대' 하면 어둡고 참혹한 시대라는 생각이 먼저 떠오른다. 그러나 자주 독립을 향해 숨 가쁘게 달린 희망의 시대였고, 우리 역사에서 가장 뜨겁고 치열하게 투쟁한 시대였다.

역사란 "그때 그곳의 진실."이다. 근대라는 시대, "그때 그곳의 진실."은 무엇일까? 우리는 어떻게 그 진실에 다가갈 수 있을까? 고민을 거듭했다. 고민의 끝은 명쾌했다. "인물은 시대를 벗어나 단 한 순간도 살 수 없다." 인물의 삶을 되살리는 일이 역사의 '진실'에 다가갈 수 있는 지름길이었다. 근대를 살아간 인물 20명을 가려 뽑아 《근대 인물이 납신다》를 선보이는 이유이다.

긴 여정 끝에 비로소 알게 되었다. 조국과 민족을 위해 모든 걸 바친 인물도, 저 하나 살자고 시대에 굴종한 인물도, 조국과 민족을 팔아넘긴 인물도 시대에, 역사에 끊임없이 영향을 끼친다는 걸. 독립운동가라고 다 같은 삶을 살지 않았다는 걸. 누구는 말로, 누구는 글로, 누구는 돈으로, 누구는 총칼로 독립운동을 했다는 걸. 20명 인물은 시대의 부름 앞에서, 역사의 갈림길에서 옳은 길이든 그른 길이든 고민하고, 선택하고, 행동했다는 걸.

궁금하지 않은가? 안동 김씨 명문가 출신으로 승승장구하던 김옥균은 왜 '대역부도죄인'이 되어 능지처참당하는 수모를 겪었을까? 전봉준은 무엇 때문에 '백성이 주인'인 나라를 꿈꾸었을까? 시대의 흐름을 꿰뚫어본 촉망받던 젊은 관료 이완용은 '애국'과 '매국'의 갈림길에서 왜 '매국'을 선택했을까? '삼한갑족'으로 불린 명문대가 출신 이회영은 무엇을 위해 몸도 넋도 재산도 조국에 바치고 차디 찬 뤼순 감옥에서 스러져 갔을까? 김좌진은 어떻게 청산리에서 열 배가 넘는 일본군을 무찌르고, 신채호는 역사 연구에 매달렸을까? "그 얼굴로 배우는 어림 반푼어치도 없다."는 소리를 들은 나운규는 어떻게 '한국 영화의 전설'이 되었을까? 이광수는 무엇 때문에 최고의 문학가라는 찬사와 친일파라는 비난을 동시에 받을까? 똑같이 민족의 완전한 자주 독립을 꿈꾼 김구와 여운형은 왜 끝내 화합하지 못했을까?

《근대 인물이 납신다》에 담은 20명 인물들이 무엇을 고민하고, 어떤 선택을 하고, 어떻게 행동했는지 헤아리며 인물들의 삶을 따라가 보자. 시대를 뛰어넘어 때로는 울분과 분노를, 때로는 설움과 고통을, 때로는 가슴 벅찬 감동과 기쁨을 느낄 수 있을 것이다. 또 파노라마처럼 펼쳐지는 근대 역사가 한눈에 쏘옥 들어올 것이다. 앞서 펴낸 《고려 왕이 납신다》와 《조선 왕이 납신다》를 함께 읽기를 권해 본다. 고려 시대부터 대한민국 정부 수립까지 천 년이 넘는 우리 역사에 한결 쉽고 흥미롭게 다가갈 수 있을 것이다.

오늘은 거저 주어진 게 아니다. 지난 시대를 살다 간 인물들이 눈물과 피, 땀과 노력으로 일군 것이다. 미래도 마찬가지이다. 오늘을 사는 우리가 만들어 나아가야 한다. 20명 인물들이 내디딘 소중한 한 걸음 한 걸음을 따라가는 길은 역사의 '진실'을 찾아가는 길이자, 미래에 대한 실마리를 찾아가는 길이 될 것이다.

격동의 근대를 뜨겁고 치열하게 살다 간 20명의 인물이 묻는다. "어떤 삶을 살고 있는가?" 그리고 역사가 묻는다. "올바른 삶을 살고 있는가?"

2019년 봄을 맞으며 어린이역사연구회

연표로 보는 우리 근대

높이 솟은 굴뚝에서 시커먼 연기를 내뿜는 이상하게 생긴 배에 실려
이 땅을 찾아온 '근대'. 우리 민족은 근대라는 새롭고 낯선 시대로 나아가기 위해
때로는 좌절하고, 때로는 분노하고, 때로는 온몸으로 저항했다.

1860년 최제우가 '동학'을 창시하다.
1862년 진주에서 시작된 농민 봉기가 전국을 휩쓸다(임술 농민 봉기).
1863년 고종이 즉위하다.
　　　 흥선 대원군이 나라를 다스리다.
1866년 강화도에 침입한 프랑스 함대를 물리치다(병인양요).

1860　　　1870　　　1880

1871년 강화도에 침입한 미국 함대를 물리치다(신미양요).
1873년 흥선 대원군이 물러나고, 고종이 직접 나라를 다스리다.
1875년 일본이 조선에 통상을 요구하며 '운요호 사건'을 일으키다.
1876년 일본과 '강화도 조약'을 맺고, 나라의 문을 열다.

1882년 신식 군대인 '별기군'을 설치하다.
　　　 구식 군인들이 '임오군란'을 일으키다.
1883년 최초의 근대식 신문인 《한성순보》를 발간하다.
1884년 개화파가 '갑신정변'을 일으키다.
1887년 경복궁 건천궁에 최초로 전등을 켜다.

일본 군함이 강화도를 겨냥한 가운데 조선 대표와 일본 대표는 강화부에서 '강화도 조약'을 맺었다. 일본 측이 남긴 조약 체결 장면 기록화이다.

신체는 부모한테서 물려받은 것이니, 터럭 한 올도 건드려서는 안 된다는 생각을 갖고 있던 백성들은 단발령에 맞서 거세게 저항했어. 강제 단발하는 모습이야.

'을사늑약'의 부당함을 전 세계에 알리려고 헤이그에서 열리는 '만국 평화 회의'에 특사로 파견한 이준, 이상설, 이위종이다.

'을사늑약'이 체결된 비운의 장소인 덕수궁 중명전이야.

1894년 '동학 농민 운동'이 일어나다.
　　　　일본이 '청일 전쟁'을 일으키다(~1895년).
　　　　'갑오개혁'을 실시하다(~1895년).
1895년 일본이 명성 황후를 시해하다(을미사변).
　　　　'단발령'을 실시하다.
　　　　을미사변과 단발령에 맞서 전국에서
　　　　의병이 일어서다.

1890　　　　　　　1900

1896년 고종이 러시아 공사관으로 거처를
　　　　옮기다(아관 파천).
　　　　'독립 협회'를 창립하고, 독립문을 세우다.
　　　　한성-인천 간 전화를 개통하다.
1897년 나라 이름을 '대한 제국'으로 바꾸다.
1898년 독립 협회가 '만민 공동회'를 열고,
　　　　'헌의 6조'를 올리다.
1899년 서대문-청량리 사이에 전차를 놓다.
　　　　인천 제물포와 서울 노량진을 잇는
　　　　'경인선' 철도를 개통하다.

1904년 일본이 '러일 전쟁'을 일으키다(~1905년).
1905년 일본이 대한 제국의 외교권을 빼앗은
　　　　'을사늑약'을 강제로 맺다.
　　　　최익현, 임병찬, 신돌석 등이 의병을 일으키다.
1907년 서상돈 등이 '국채 보상 운동'을 시작하다.
　　　　항일 비밀 결사 '신민회'를 만들다.
　　　　헤이그 만국 평화 회의에 특사를 파견하다.
　　　　일본이 고종 황제에게 물러날 것을 강요하고,
　　　　한국 군대를 해산시키다.
　　　　이인영. 허위 등이 '13도 창의군'을 결성하다.
1909년 안중근이 하얼빈에서 이토 히로부미를 암살하다.

철도는 교통 혁명을 가져왔다. 그동안 넘을 수 없던 시간과 거리의 벽을 허물었고, 물자와 사람을 나라 안팎으로 실어 날랐다. 하지만 우리 민족이 아니라 일제를 위해서였다. 일제가 1907년에 완공한 한강 철교이다.

1919년 1월 21일, 고종이 갑자기 붕어했다. 일제가 독살했다는 소문이 삽시간에 퍼졌다. 분노와 망국의 설움을 참지 못한 백성들은 덕수궁 앞으로 몰려가 땅을 치며 통곡했다. 고종의 독살설은 일반 백성이 3·1 운동에 참여하는 계기가 되었다. 고종의 국장 행렬이다.

1928년 1월, 《동아일보》에 실린 '신간회' 결성을 축하하는 삽화야.

일제의 경제 수탈에 맞서 민족 경제를 살리려고 "우리가 만든 것 우리가 쓰자."는 '물산 장려 운동' 광고이다. 그러나 한국인이 만든 물건을 한국인이 사야 하는데, 가난에 허덕이는 한국인이 돈으로 한국 물건을 사는 건 쉽지 않아 오래 가지 못했다.

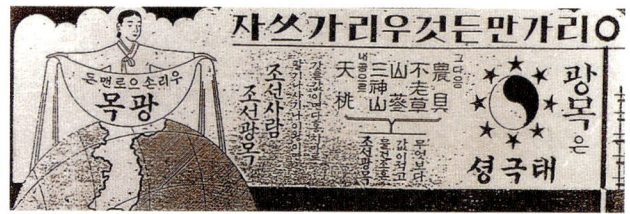

1910

- 1910년 일본이 '토지 조사 사업'을 실시하다(~1918년). **'한일 병합 조약'으로 나라를 빼앗기다.**
- 1914년 제1차 세계 대전이 일어나다(~1918년).
- 1919년 일제의 식민 통치에 맞서 전국에서 **'3·1 운동'이 일어나다.** 중국 상하이에 '대한민국 임시 정부'가 들어서다.

1920

- 1920년 《동아일보》, 《조선일보》를 창간하다. 홍범도 부대가 봉오동에서 일본군을 무찌르다(봉오동 전투). **김좌진 부대가 청산리에서 일본군을 무찌르다(청산리 대첩).** 일제가 '산미 증식 계획'을 세우다.
- 1923년 '물산 장려 운동'이 일어나다.
- 1924년 목포에서 암태도 농민들이 단식 농성하다 (암태도 소작 쟁의).
- 1926년 순종 황제의 국장을 계기로 '6·10 만세 운동'이 일어나다.
- 1927년 **'신간회'를 결성하다.**
- 1929년 '원산 노동 연합회' 산하 노동자들이 '원산 총파업'을 벌이다. '광주 학생 항일 운동'이 일어나다.

나라를 빼앗긴 후 일장기가 걸린 경복궁 근정전의 모습이다.

일제는 "조선과 일본은 하나."라는 '내선일체'를 내세워 우리 민족을 일본인으로 만들려고 했다. 내선일체 홍보 알림 그림이다.

38도선이야. 광복 당시 분단을 상상한 이는 아무도 없었어. 남한과 북한에 각각 정부가 들어서면서 산하를 쪼개 놓고, 민족을 갈라 놓은 선이 되었지.

광복 초기에는 쉽게 38도선을 오갔나 봐.

어떻게 이룬 광복인데, 아직도 갈라져 살다니ㅠㅠ.

1932년 이봉창이 일본 천황을 저격하다.
윤봉길이 '상하이 의거'를 일으키다.
1937년 일제가 '중일 전쟁'을 일으키다.
일제가 '황국 신민의 서사'를 만들다.

1940년 일제가 일본식으로 성명을 바꾸라고 강요하다 (창씨개명).
대한민국 임시 정부가 '한국광복군'을 창설하다.
1941년 일제가 진주만을 기습해 '태평양 전쟁'을 일으키다.
대한민국 임시 정부가 일제에 선전 포고를 하다.

1930

1940

1938년 일제가 '조선 육군 지원병령'을 발표하다.
일제가 '국가 총동원법'을 공포하다.
1939년 일제가 '국민 징용령'을 공포하다.
제2차 세계 대전이 일어나다(~1945년).

1942년 일제가 '조선어 학회' 사건을 일으키다.
1943년 일제가 '징병제'를 발표하다.
1944년 일제가 젊은 여성들을 '정신대'로 끌고 가다.
여운형 등이 '조선 건국 동맹'을 만들다.
1945년 **일제의 패망으로 '광복'을 맞다.**
'조선 건국 준비 위원회'가 들어서다.
1946년 '좌우 합작 운동'이 일어나다.
1948년 남한에 '대한민국'이, 북한에 '조선 민주주의 인민 공화국'이 들어서다.

일본 탄광에 강제로 끌려가 고된 노동에 시달리는 한국인 징용자의 모습이야.

보기만 해도 가슴이 미어진다ㅠㅠ.

광복을 맞아 남산에 태극기를 게양하는 모습이다.

차례

《근대 인물이 납신다》를 선보이며 · 4

연표로 보는 우리 근대 · 6

흥선 대원군 나라의 빗장을 굳게 걸어라 · 12

김옥균 '갑신정변'으로 근대 국가를 꿈꾸다 · 18

전봉준 새야 새야 녹두새야, 전주 고부 녹두새야 · 26

조선, 변화의 길목에 서다 · 36

이상재 조선은 자주 독립국이오! · 38

이완용 영원히 씻지 못할 더러운 이름 매국노 · 44

신돌석 '태백산 호랑이'라 불러 다오 · 50

이회영 재산도 몸도 넋도 조국에 바치다 · 56

안창호 청년이 죽으면 민족이 죽는다 · 64

안중근 하얼빈역에 울려 퍼진 코레아 우라! · 72

유관순 너희는 우리를 재판할 권리가 없다! · 78

대한 제국에서 대한민국으로 · 82

김좌진 '청산리 대첩'을 이끈 독립군의 별 · 84

나운규 전설이 된 한국 영화의 선구자 · 92

신채호 나라를 사랑하려거든 역사를 읽어라 · 102

불타오르는 민족 운동 · 112

나혜석 조선의 남아들아, 인형을 원하는가 · 116

세상과 생각을 바꾼 근대 문물 · 122

윤봉길 중국의 백만 대군도 못한 일을 해내다 · 124

최현배 한글 연구가 내란죄라니! · 130

이광수 조국과 민족에 너무도 무정했던 대문호 · 136

민족의 수난 · 146

여운형 민족을 등불로 삼은 근대의 마지막 거인 · 150

김구 내가 걸은 길이 뒷사람의 길이 되리니 · 160

이승만 남한만이라도 단독 정부를 세워야 하오 · 168

청산하지 못한 역사, 친일파 · 174

찾아보기 · 176

나를 아는 데 필요한 정보 ❼

① 나 흥선 대원군 이하응은 1820년 11월 16일 서울 안국동에서 태어나 1898년 2월 22일 운현궁에서 죽었다.
② 나를 두고 처세술이 뛰어나다고 했다. 자랑 하나 더, 그림을 잘 그렸는데 난 그림은 조선 으뜸이었다.
③ 1863년부터 1873년까지 10년 동안 아들 고종을 대신하여 조선을 다스렸다.
④ 60여 년 동안 이어진 세도 정치로 엉망이 된 나라를 바로잡으려고 개혁 정책을 폈다.
⑤ 임진왜란 때 불탄 경복궁을 다시 지어 조선 왕실의 위엄을 세우려고 했다.
⑥ 서양 세력이 통상하자며 졸라 대다 안 되니, 핑곗거리를 만들어 쳐들어왔다. 모두 물리치고, 나라의 문을 잠갔다.
⑦ 나 때문에 근대화가 늦어졌다고 후세 사람들이 많이 원망한다고 한다.

흥선 대원군

나라의 빗장을 굳게 걸어라

내 둘째 아들을 왕으로 만들었다! 정말 거리로 뛰쳐나가 소리치고 싶을 만치 좋았지. 오로지 내 힘으로 만든 거야. 무슨 말이냐고? 당시에는 안동 김씨가 권력을 틀어쥐고 나랏일을 쥐락펴락했어. 쓸 만한 왕족들도 가만두지 않았지. 나도 언제, 어떻게 될지 알 수 없었어. 그래서 안동 김씨의 눈을 피해 파락호 행세를 하며 때를 기다렸어. 뜻과 목표를 세우고, 준비하며 기다리는 자에게 반드시 기회는 오는 법! 1863년 마침내 내 둘째 아들이 왕위에 올랐고, 난 왕족 흥선군에서 왕의 아버지인 '흥선 대원군'이 된 거야! 어린 아들을 대신해 난 무너진 왕권을 바로 세우고, 백성의 삶을 보살피려고 힘썼어. 그런데 외세가 자꾸 괴롭히네? 나라의 힘을 키우는 게 우선이라 여겨 외세의 통상 요구를 거부하고 문을 닫아 걸었지. 힘이 없으면 힘 있는 쪽으로 끌려다니는 게 세상 이치거든. 그런데 내 진심은 몰라주고, 나라의 문을 굳게 닫은 내 탓에 근대화가 늦어졌다고 한다니, 억울해!

흥선 대원군이 살던 '운현궁'이다. 고종도 즉위할 때까지 살았으며, 고종이 왕위에 오르면서 임금이 거처하던 곳이라 '궁' 명칭을 받아 운현궁이라 불리게 되었다. 이때부터 확장 공사를 하여 궁 못지않게 웅장했다고 한다. 흥선 대원군이 여러 개혁 정책을 추진한 정치적 거점이자, 당시 조선 정치를 상징하는 곳이었다. 서울특별시 종로구 삼일대로 464번지에 있다.

한낱 왕족에서 대원군이 되다

흥선군 이하응은 영조의 증손자인 남연군의 넷째 아들로 태어났다. 열두 살에 어머니를, 열일곱 살에 아버지를 여의고 가난하게 살았다. 다행히 인척이자 당대 최고의 서화가인 김정희한테 글과 그림을 배울 수 있었다. 뒷날 난초·매화·국화·대나무 사군자 그림에 빼어난 실력을 보였는데, 김정희한테 배운 덕분이었다.

당시 권력을 쥐고 있던 안동 김씨는 똑똑한 왕족은 어떻게 해서든 누명을 씌워 쥐도 새도 모르게 없애 버렸다. 이하응은 살아남으려고 부랑배들과 어울리고, 잔칫집을 기웃거리고, 높은 이한테는 주저 없이 굽실거렸다. 그러면서 기회를 엿보았다. 백성들과 스스럼없이 어울리며, 세도 정치와 삼정 문란으로 신음하는 백성들의 삶에 귀를 기울였다.

1849년 헌종이 후사 없이 죽었다. 뒤를 이어 철종이 왕위에 올랐다. 철종은 안동 김씨가 찾아낸 허수아비 왕이었다. 그러나 철종도 아들이 없었다. 만일 그대로 죽는다면 다음 왕을 결정할 권한은 왕실 최고 어른인 풍양 조씨, 신정 왕후에게 있었다. 상황을 꿰뚫어 본 이하응은 안동 김씨한테 눌려 지내던 신정 왕후에게 줄을 댔다. 1863년 12월, 철종이 아들 없이 죽자, 이하응은 재빨리 신정 왕후를 움직여 둘째 아들을 왕위에 앉혔다. 바로 고

종이다. 이하응은 단번에 흥선군에서 왕의 아버지인 흥선 대원군이 되었다.

세도 정권을 무너뜨리고, 개혁 정치를 펴다

"왕이 열두 살로 아직 어린데 나랏일이 복잡하고 많으니, 여러 대신은 대원군의 지휘를 받으라."

섭정을 맡은 신정 왕후는 흥선 대원군에게 조정 일을 모두 맡겼다. 당시 조선은 순조-헌종-철종 대까지 이어진 안동 김씨의 세도 정치로 나라의 기강이 흐트러지고, 탐관오리의 횡포가 극심했다. 참다못한 백성들이 곳곳에서 일어나 온 나라가 민란에 휩싸였다.

흥선 대원군은 개혁의 칼을 뽑아 들었다. 먼저 안동 김씨의 권력 기구인 비변사를 없애 안동 김씨를 몰아냈다. 대신 신분이나 당파를 가리지 않고 능력 있는 자를 뽑아 벼슬을 주었다. 또 전국의 토지를 조사해 세금을 내지 않던 땅을 찾아내 세금을 물리고, 호포제를 실시해 양반도 평민과 똑같이 군역을 지게 했다. 그리고 조선 왕조의 권위를 상징하던 경복궁을 다시 지어 왕실의 권위를 세우려고 했다. 그러나 무리하게 공사를 진행하는 바람에 갈수록 백성들의 원성이 높아 갔다.

서양 세력이 밀려오다

흥선 대원군이 개혁 정치를 펼 무렵 조선의 바닷가에 서양 배들이 자주 나타났다. 주로 프랑스, 미국, 영국, 러시아 같은 강대국 배들이었다. 이들은 바다 깊이를 잰다는 핑계를 대기도 하고, 무역을 트자고 요구하기도 했다. 조선은 요구를 거절하며 가까이하지 않았으나, 호락호락 물러나지 않았다. 그럴싸한 핑곗거리를 찾으며 기회를 엿보았다.

1866년 10월, 프랑스 군함 일곱 척이 강화도 갑곶진에 닻을 내렸다. 프랑스군은 곧장 육지로 쳐들어와 닥치는 대로 총을 쏘며 난동을 부렸다. 강화를 손에 넣은 프랑스군은 프랑스 선교사를 죽인 책임자를 처벌하고, 선교사의 죽음에 대해 배상하라고 요구했다. 또한 프랑스와 무역할 것을 약속하라고 했다. 흥선 대원군은 천주교 탄압을 핑계 삼아 조선을 집어삼키려는 수작이라며 콧방귀를 뀌었다. 그러고는 서둘러 군사를 모아 싸울 준비를 했다. 처음에는 무기가 우세한 프랑스군에 밀렸으나, 양헌수가 이끄는 조선군은 유격전으로 프랑스군에게 큰 타격을 입혔다. 프랑스군이 침입한 이 사건을 '병인양요'라 한다.

난리는 한 번으로 그치지 않았다. 1871년에는 미국 군대가 강화도로 쳐들어왔다. 흥선 대원군은 곧바로 사람을 보내 "조선은 서양과 무역을 하지 않을 것이니 돌아가라!"고 했다. 미군이 돌아가지 않자, 조선군이 먼저 공격을 퍼부었다. 미군도 뭍에 올라 양쪽 군대 사이에 치열한 싸움이 벌어졌고, 끝내 광성보를 빼앗겼다. 하지만 미군은 조선과 통상을 기대할 수 없게 되자, 결국 물러갔다. '신미양요'이다.

병인양요 때 강화부 앞을 행진하는 프랑스군의 모습이다. 프랑스군은 갖은 행패를 부리고, 왕실 도서관인 외규장각에 있던 의궤를 약탈해 갔다.

나라의 빗장을 굳게 걸다

프랑스와 미국 군대를 물리친 흥선 대원군은 자신감에 찼다. 전국 곳곳에 승리를 기념하는 척화비를 세우고, 나라의 빗장을 굳게 걸어 잠그는 이른바 '쇄국 정책'을 펴겠다고 선언했다. 서양의 침략을 위기로 보고, 먼저 국내 정치에 힘써 백성을 편안케 한 다음, 국방을 튼튼히 하여 서양을 물리쳐야 한다고 생각했기 때문이다. 실제 흥선 대원군은 서양 강대국들의 침입에 대비해 군사 시설을 늘리고, 신무기를 개발했다.

충남 홍성군 구항면에 있는 척화비이다. "서양 오랑캐가 쳐들어오는데 싸우지 않는다면 친하게 지내자는 뜻이요. 서양과 친하자고 주장하는 건 곧 나라를 팔아먹는 짓이다."라고 새겨져 있다.

그러나 쇄국 정책은 그리 오래가지 못했다. 1873년 스물두 살이 된 고종이 직접 나라를 다스리겠다고 나선 것이다. 흥선 대원군은 하루아침에 권력을 잃었고, 10년에 걸친 개혁 정치도 막을 내렸다. 그 뒤 흥선 대원군은 여러 차례 권력을 다시 잡으려고 했으나 번번이 실패했고, 일흔여덟 살에 세상을 떴다.

"백성을 해롭게 하는 자라면 비록 공자가 살아온다고 해도 용서하지 않겠다!"고 하면서까지 개혁 정책을 밀어붙여 나라의 기틀을 다지고, 백성의 삶을 어느 정도 안정시킨 흥선 대원군. 하지만 쇄국 정책으로 강대국들과 외교를 맺을 기회를 놓친 탓에 조선의 근대화는 그만큼 늦어지게 되었다.

미국 군대는 광성보에서 어재연이 이끄는 조선군과 8시간을 싸운 끝에 승리했다. 미군은 어재연의 목을 베어 가져갔고, 깃발을 빼앗았다. 빼앗은 '수' 자 깃발을 걸어 놓고 기념 촬영하는 미군의 모습이다.

나를 아는 데 필요한 정보 ❼

❶ 나 김옥균은 1851년 1월 23일 충남 공주에서 태어나 1894년 3월 28일 중국 상하이에서 암살당했다.
❷ 세도 가문인 안동 김씨의 실세, 김병기의 양자로 들어가 최고급 성리학 교육을 받았다.
❸ 공부뿐 아니라 시, 그림, 글씨, 음악에도 빼어나 장안에 내 이름 석자가 뜨르르했다.
❹ 사교성이 좋고, 말재주가 뛰어났다. 단점이라면 좀 덕이 부족하고 혈기가 앞서는 정도?
❺ 박규수, 오경석, 유대치에게 나라의 문을 열고 세계 여러 나라와 교류해야 한다는 '개화 사상'을 배웠다.
❻ 1876년 일본과 강화도 조약을 맺고 나라의 문을 열자, 개화 정책을 펴는 데 앞장섰다.
❼ 정변으로 권력을 잡아 근대 국가를 세우려고 1884년에 '갑신정변'을 일으켰다.

> 자주적인 근대 국가를 세우려 한 내 뜻만은 높이 평가해 주기 바라….

김옥균

'갑신정변'으로 근대 국가를 꿈꾸다

내가 살다 간 시대는 안으로는 민씨 척족이 나라를 쥐고 흔들고, 밖으로는 제국주의 열강이 조선을 호시탐탐 노리던 혼란한 시대였어. 어릴 때부터 천재 소리를 듣던 난 스물두 살에 장원 급제해 팍팍 승진하면서 이름을 날렸지. 역사의 부름이었을까? '개화 사상'을 가진 이들과의 만남은 내 삶을 송두리째 바꾸어 놓았어. 난 조선이 살아남으려면 개화를 통해 부국강병을 이루고 근대 국가로 나아가야 한다고 생각했지. 뜻을 같이하는 동지들을 모아 '개화파'를 만들었어. 그런데 나라의 문을 열자, 청나라와 일본이 침략의 이빨을 드러내대. 돈이 없어서 개화 정책도 뜻대로 못 펴니 갈수록 마음이 조급해지더라고. 그래서 결국 '갑신정변'을 일으켰지. 하지만 너무 서두른데다 민씨 척족과 청나라가 방해하고 일본이 뒤통수치는 바람에 끝내 실패하고 말았어. 갑신정변으로 나와 개화파가 만들고 싶어 한 근대 국가 조선의 모습이 궁금하지 않아?

우정국(우정총국)은 1884년 11월에 설치한 우리나라 최초의 우편 행정 기관으로, '갑신정변'의 주무대가 되었다. 개화파의 핵심 인물인 홍영식이 우정국 총판을 맡아 같은 해 10월 1일 우편 업무를 시작했으나, 갑신정변이 실패하면서 폐지되었다. 그 뒤 1895년 우체사가 들어서 우정국의 뒤를 이었다.
서울특별시 종로구 견지동에 있는 옛 우정국 건물이다.

세도 가문의 천재 소년

김병태네 사랑채는 안동 김씨 실세인 김병기를 보려는 사람들로 북적였다. 수령이 여섯 살짜리 김옥균에게 좋은 글을 지으면 상을 주겠다고 했다. 김옥균은 "귀한 손님이 오신 걸 아는지 달빛이 무척 곱군요." 하더니 거침없이 글을 썼다. "달은 비록 작지만, 온 누리를 비추네." 김병기를 칭송하는 글이었다. 수령은 소문처럼 천재라며 값비싼 벼루와 먹을 선물했다. 얼마 뒤, 김옥균은 김병기의 양자가 되어 한양살이를 시작했다.

김병기는 낯선 이들 틈에서 주눅 들고 겁먹은 김옥균을 살뜰히 보살폈다. 또 선생을 붙여 공부를 가르쳤다. 시간이 지나면서 학문도 여물고, 한양 생활에도 익숙해졌다. 김홍집이라는 아홉 살 많은 벗도 사귀었다. 둘 다 문장, 시, 그림, 글씨에 뛰어나 잘 통했다. 김옥균은 김홍집네를 들락거리며 《영환지략》, 《해국도지》 같은 세계 지리책을 보며 이제껏 알던 세상보다 더 넓은 세상이 있다는 걸 깨쳤다. 1861년부터 6년 동안 김옥균은 강릉의 송담 서원에서 성리학을 배웠다. 공부가 마냥 즐거웠고, 천재답게 1등을 놓치지 않았다.

1866년 김옥균은 다시 한양으로 올라왔다. 그 사이 삼정 문란으로 삶이 뿌리째 뽑힌 백성들이 전국에서 들고일어났다. 김병기는 "늘 백성을 생각하며 한 점 부끄러움 없이 정의롭게 살라."고 했다. 이때부터 '정의'라는 단어는 김옥균의 삶에 버팀목이 되어 주었다.

새로운 벗들과 새로운 세상을 꿈꾸다

한양 생활은 더없이 활기차고 즐거웠다. 김홍집의 소개로 박영효, 홍영식, 서광범 등과 어울렸다. 이해 병인양요에서 승리한 흥선 대원군은 나라의 문을 굳게 잠갔다. 그러던 어느 날, 김홍집이 김옥균과 벗들에게 개화 사상가인 박규수를 소개했다. "청나라도 영국의 침략에 맥을 못 추고 있네. 세계의 흐름을 이끄느냐 뒤처지느냐, 나라가 망하느냐 흥하느냐는 자네들에게 달려 있어. 우리도 나라의 문을 열고 신문물을 받아들여, 썩어 빠진 나라를 뜯어고쳐야 하네." 박규수가 들려주는 세상 돌아가는 이야기는 김옥균에게 깊은 울림을 주었다.

1872년 과거에 장원 급제한 김옥균은 성균관 전적으로 벼슬살이를 시작했다. 그해 박규수의 소개로 유대치와 오경석을 만났고, 셋은 틈만 나면 청년들에게 개화 사상을 가르쳤다. 김옥균과 벗들의 가슴에 '신문물', '개화', '부국강병' 같은 꿈들이 켜켜이 쌓여 갔다.

1873년 고종이 직접 나라를 다스리기 시작했다. 박규수는 고종에게 나라의 문을 열고 신문물을 들여오자고 건의했다. 김옥균에게는 서두르지 말고 사람을 모아 힘을 기르라고 했다. 이듬해 홍문관 교리가 된 김옥균은 동지들을 모으기 시작했다. 이미 뜻을 같이하던 벗들 외 윤치호, 유길준, 김윤식, 박정양 등이 함께했다. 뒷날 조선을 개혁의 소용돌이로 몰아넣은 '개화파'가 탄생한 것이다.

김홍집(1842~1896)
수신사로 일본을 다녀왔다. 《조선책략》을 들여와 위정척사파에게 큰 반발을 샀다. 온건 개화파로 외교에 뛰어났으며, 갑오개혁을 이끌었다. 너무 과격하게 개혁을 실시해 1896년 '아관 파천' 뒤 친일파로 몰렸고, 성난 군중들에게 맞아 죽었다.

홍영식(1855~1884)
명문가 출신으로 출세 가도를 달리다 조사 시찰단으로 일본을, 보빙사로 미국을 방문했다. 선진 문물을 보고 개화의 필요성을 느껴 급진 개화파가 되었다. 병조 참판으로 우정국 총판이 되어 갑신정변에 참여했다. 끝까지 고종을 호위하다 청군에게 참살되었다.

박영효(1861~1939)
철종의 사위로, 1882년 수신사로 일본에 갈 때 태극기를 처음 만들었다고 알려져 있다. 박문국을 세워 최초의 신문인 《한성순보》를 펴내는 데 앞장섰다. 갑신정변 때 신식 군대 일부를 정변에 동원했다. 국권 피탈 뒤, 일제한테 작위를 받는 등 친일파가 되었다.

윤치호(1865~1945)
조사 시찰단으로 일본을 다녀왔다. 급진적인 정변을 반대했으나 정변 뒤 새 정부에 참여했다. 독립 협회 설립에 참여했으며, 1911년 '105인 사건'으로 6년 동안 감옥살이를 한 뒤 친일파로 변절했다. 1883년~1943년까지 거의 매일 영어로 쓴 일기가 남아 있다.

유길준(1856~1914)
조사 시찰단으로 일본에 가 서양 학문을 공부했고, 1883년 우리나라 최초의 미국 유학생이 되었다. 1885년 유럽 여러 나라를 여행한 뒤 귀국해 1892년까지 《서유견문》을 썼다. 1894년 갑오개혁을 이끌었고, 국권 피탈 후 일제가 내린 남작 작위를 거부했다.

서광범(1859~1897)
보빙사로 미국에 건너가 선진 문물을 접했다. 갑신정변이 실패하자 일본을 거쳐 미국으로 망명했다. 청일 전쟁 때 일본의 도움으로 귀국했으며, 갑오개혁 때 법부대신으로 사법 개혁을 이끌었다. 1895년 주미 특명 전권 공사로 일하다 미국에서 병사했다.

개화 정책을 펴는 데 앞장서다

1876년 2월, 일본과 '강화도 조약'을 맺고 나라의 문을 열었다. 고종은 일본의 사정을 알아보려고 김기수 등 수신사를 일본에 보냈다. 김기수는 일본에서 직접 보고 들은 증기선과 철도, 대포와 소총으로 무장한 일본군의 위력을 세세히 보고했다. 1880년부터 개화 정책이 본격적으로 추진되었다. 그해 12월, '통리기무아문'을 두어 외교, 통상, 외국어 교육 등 개화 정책과 관련된 일을 맡아보게 했다. 이듬해 4월에는 일본에 조사 시찰단을, 9월에는 청나라에 영선사를 보내 신문물을 배워 오게 했다. '별기군'이라는 신식 군대도 만들었다. 통리기무아문에는 일본을 다녀온 인재들이 앉아 개화 정책을 뒷받침했다.

하지만 1881년 2차 수신사로 일본을 다녀온 김홍집이 갖고 온 《조선책략》을 둘러싸고 개화파와 위정척사파가 맞붙어 개화 정책은 벽에 부딪혔다. 반드시 개화를 이루어야 한다고 생각한 김옥균은 비밀 결사를 만들었다. 또 군인, 장사꾼, 궁녀 내시들을 따로 모아 몰래 개화파를 돕게 했다. 그러나 나라에는 개화 정책을 펴는 데 필요한 돈이 없었다. 김옥균은 고민 끝에 일본에서 빌리기로 하고 고종의 허락을 얻어 1881년 11월, 일본으로 갔다.

"위정척사파는 우물 안 개구리야."

"자자, 널리널리 읽혀서 개화를 이루어 보세~!"

올바른 유교 정신을 지키고, 사악한 서양 문물을 배척해야 합니다. 전하, 김홍집을 처벌하고 《조선책략》을 불사르시옵소서.

《조선책략》

〈만인소〉

《조선책략》의 중심 내용은 러시아의 침략을 막으려면 청, 일본, 미국과 힘을 합쳐야 한다는 거야. 조정에서 이 책을 개화 지침서로 삼으면서 전국에서 유생들이 벌 떼처럼 일어났어.

우리 정신을 지키자는 최익현 같은 유생들을 '위정척사파'라고 해. 이만손을 비롯한 영남 유생 1만여 명이 〈만인소〉를 올려 개화 정책에 반대했어.

시간은 기다려 주지 않는다

김옥균은 일본의 모습을 꼼꼼히 살폈다. 놀라움은 곧 부러움으로, 부러움은 곧 두려움으로 변했다. 김옥균은 일본의 개화 사상가, 정치인들을 만나 친분을 쌓았다. 특히 개화 사상가인 후쿠자와 유키치는 일본을 영국에 빗대며 일본이 아시아의 최강, 세계 최강이 될 것이라고 했다. 김옥균은 "조선은 아시아의 프랑스가 되어 주마." 다짐하며 개화에 대한 생각을 더욱 굳혔다. 하지만 돈을 빌리는 데 실패했다. 게다가 귀국길에 오른 1882년 6월, '임오군란'이 일어났다. 왕비 민씨와 척족들은 청군을 끌어들여 군란을 진압했고, 청나라는 사사건건 간섭했다. 개화파는 설 자리를 잃었다. 까딱하면 여태껏 해 온 모든 노력이 물거품이 될 판이었다.

김옥균은 동지들을 불러 개화파가 할 일을 정했다. 그리고 1883년 6월, 돈을 마련하려고 다시 일본으로 갔다. 그러나 조선이 개화하면 좋을 게 없다고 여긴 일본이 뜨뜻미지근하게 나오는 바람에 이듬해 5월, 다시 빈손으로 돌아와야 했다. "시간은 사람을 기다려 주지 않는다. 이대로 가다가는 아시아의 프랑스는커녕 청의 속국이 되고 만다." 김옥균이 이끄는 개화파는 1884년이 가기 전, 정변을 일으키기로 결정했다. 하지만 좀처럼 기회를 잡지 못한 채 시간만 흘러갔다.

《Japan Punch》라는 잡지에 실린 만평이야. 갓 쓴 조선 노인을 청나라 관리가 마음대로 주무르는 모습을 통해 청의 내정 간섭을 제대로 보여 주고 있어.

첫째, 동지 윤치호의 아버지인 윤웅렬이 지휘하는 함경도 북청의 군대를 신식 군대로 길러 거사를 준비한다.
둘째, 능력 있는 젊은이를 뽑아 나랏돈으로 일본에 유학 보내 신문물을 배워 오게 한다.
셋째, 신문을 펴내 백성을 일깨우고, 거사의 큰 뜻을 널리 알려 지지 세력을 넓힌다.
넷째, 군대를 기르고 신문을 펴내는 일에 필요한 돈을 일본에서 빌린다.

이대로만 준비한다면 반드시 개화를 이룰 수 있소. 돈은 어떻게든 내가 마련해 보겠소!

'갑신정변'을 일으키다

뜻밖의 기쁜 소식이 나라 밖에서 들려왔다. 베트남을 놓고 청나라와 프랑스 사이에 전쟁이 나서, 조선에 있는 청군 절반이 베트남으로 떠났다. 때가 무르익었다고 판단한 김옥균은 동지들을 불렀다. 박영효는 친군영을 장악하고, 서광범은 개화파가 이끌어 갈 새 정부에서 펼 정책과 업무 정리를 맡았다. 윤치호는 정변 뒤 들어설 새 정부가 미, 영, 프 등 서구 열강의 인정을 받을 수 있게 준비했다. 김옥균은 고종을 만나 거사를 지지한다는 밀서를 받았다. 그리고 다케조에 일본 공사로부터 일본 공사관 군사 150명을 지원해 주겠다는 약속을 받아 냈다. 1884년 10월 17일, 우정국 낙성식을 축하하는 잔치가 한창인 밤 10시쯤 우정국 북쪽에서 불길이 치솟았다. '갑신정변'을 알리는 신호였다.

❶ 10월 17일 밤
불길이 치솟자, 민씨 척족 실세인 민영익은 낌새를 채고 빠져나왔다. 하지만 개화 세력인 이인종과 윤경순의 칼을 맞았다. 그제서야 사람들은 갑신정변이 일어난 것을 알아챘다.

❷ 10월 17일 밤
김옥균 등 개화파는 창경궁에 있던 고종과 민비에게 수비하기 좋은 경우궁으로 옮기자고 설득했고, 머뭇거리던 고종과 민비는 경우궁으로 옮겼다.

❸ 10월 18일 새벽
영의정 이재원, 좌의정 홍영식, 호조 참판 김옥균, 좌포장 박영효, 대리외무독판 서광범 등으로 새 정부를 짰다. 청군은 심상훈을 개화파로 위장시켜 민비에게 경우궁은 넓어 지키기 힘드니 창덕궁으로 옮기라고 했다. 결국 민비의 요구에 고종은 다시 창덕궁으로 옮겼다.

❹ 10월 18일 밤
새 정부가 나아갈 방향을 밝힌 혁신 정강을 만들어, 다음날 오전 9시에 발표했다. 이어 한양 곳곳에 방을 붙여 널리 알렸다. 모두 80개 조이나 14개 조만 전한다.

3일 만에 모든 꿈이 산산조각 나다

부국강병과 근대 국가를 이루려던 김옥균과 개화파의 꿈은 삼일천하로 끝나고 말았다. 무엇 때문일까? 먼저 백성들의 지지를 받지 못했다. 나라가 부강해지고 백성이 잘살려면 개화가 필요하다고 충분히 설득했어야 했다. 둘째, 일본군의 지원을 받아서는 안 되었다. 청나라와의 전쟁을 원치 않던 일본군은 몇 번 총 쏘는 시늉만 하다 물러났다. 셋째, 청군을 막기에는 창덕궁이 너무 넓었다. 다시 권력을 잡은 왕비 민씨와 척족들은 개화파의 모든 정책을 뒤집었다. 또 김옥균과 개화파를 일본에 나라를 팔아먹으려 한 매국노로 몰았다. 일본으로 망명한 김옥균은 《갑신일록》을 쓰며 울분을 삭이며 지내다 1894년 3월, 중국 상하이에서 홍종우에게 암살당했다. 그리고 그해 4월, 한강변 양화진에서 능지처참을 당하는 수모를 겪었다.

❺ 10월 19일 오후 3시
청군 1천 5백 명이 창덕궁 돈화문과 선인문으로 쳐들어왔다. 신식 소총을 조립하던 혁명군은 총 쏠 새도 없이 청군의 총에 무너졌다. 남은 혁명군은 끝내 청군에 패했다.

혁신 정강 주요 내용
- 청나라에 대한 조공을 없애고 사대 관계를 끊는다.
- 모든 인민은 평등한 권리를 가지며 관리는 문벌에 관계없이 능력에 따라 뽑는다.
- 세금 제도를 고쳐 백성을 보호하고, 나라 재정을 넉넉하게 한다.
- 4영을 통합하여 근우대를 설치한다.
- 모든 나라 재정은 호조에서 관리한다.
- 급히 순검을 두어 경찰제로 바꾼다.

비록 실패로 끝났지만, 갑신정변은 근대 국가를 세우려 한 지배층 중심의 첫 혁명이라는 점에서 역사적 의의가 있어.

❻ 10월 19일 밤~20일
김옥균은 고종에게 잠시 피했다가 뒷날을 도모하자고 했으나 고종은 거절했다. 10월 19일 저녁 무렵, 끝까지 고종 곁을 지키던 홍영식은 죽임을 당했다. 이튿날 김옥균, 박영효, 서광범 등은 일본으로 망명했다.

나를 아는 데 필요한 정보 7

1. 나 전봉준은 1855년 전북 고부에서 태어나 1895년 3월 30일 서울 무악재 아래에서 교수형을 당했다.
2. 키가 152센티미터로 작은데다 비쩍 말라 '녹두'라 불렸다.
3. 총명하고 야무지고, 침착하고 생각이 깊고, 담력이 컸다.
4. '사람이 곧 하늘'이라는 동학에 감화되어 백성을 하늘처럼 섬기는 나라를 꿈꾸었다.
5. 1894년 '반봉건', '척왜양'을 부르짖으며 '동학 농민 운동'을 일으켰다.
6. '집강소'를 세워 우리 역사상 처음으로 농민 자치를 실시했다.
7. 동학 농민군이 주장한 '폐정 개혁안'은 우리나라 최초의 근대적 개혁인 '갑오개혁'의 밑바탕이 되었다.

> 백성이 주인이 되는 세상을 만들자!!

輔國安民

斥倭洋

人乃天

사람답게

전봉준

새야 새야 녹두새야, 전주 고부 녹두새야

"새야 새야 녹두새야, 전주 고부 녹두새야…." 노래를 부르며 겨울 들녘으로 내달리는 아이들을 좇는 내 두 눈에서 뜨거운 눈물이 왈칵 솟았어. 저 아이들에게 차별 없는 세상, 일한 만큼 거둘 수 있는 세상을 만들어 주려다 스러져 간 동학 농민군의 모습이 떠올랐기 때문이야. 뒤이어 농민군을 이끈 한 혁명가의 모습도 떠올랐지. 바로 '녹두 장군'이라 불리는 나, 전봉준이야. 내가 살던 전라도는 조선의 곳간이라 불리는 곳이라, 탐관오리의 수탈이 어느 곳보다 심했어. 게다가 이 땅에 들어온 열강들은 서로 조선을 집어삼키려고 눈에 불을 켰지. 난 평등사상을 내세운 동학 아래로 백성들이 모여드는 모습을 보고 나라와 백성을 살리는 길을 거듭 고민했어. 그리고 동학 농민군과 함께 떨쳐 일어나 '백성이 주인이 되는 세상'을 만들려고 했지. 하지만 관군과 일본군의 총포 앞에서 우리의 꿈은 산산조각이 나고 말았어. 나와 동학 농민군의 꿈. 그 꿈 이야기를 들어 보지 않을래?

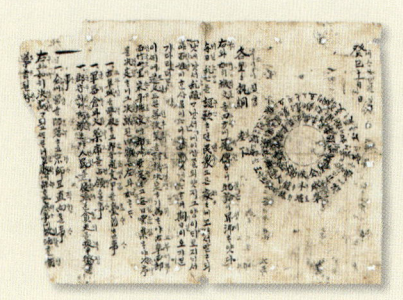

1893년 11월에 전봉준, 최경선 등 20여 명이 고부 봉기를 결의하고 돌린 통문이다. 사발을 뒤집어 놓고 뜻을 같이하는 사람들의 이름을 둥글게 써넣어서 '사발통문'이라고 불린다. 주동자가 누구인지 모르게 하는 동시에 모두가 함께 책임진다는 단결 의식을 담고 있다. 1968년에 서명자 중 하나인 송대화의 후손, 송준섭의 집에서 발견되었다.

녹두 녹두, 콩알 녹두

"콩알 녹두 봉준아, 오늘 옹 선생님 만나면 동학에 대해 더 여쭤 보고 들어가려고." "개남이 형, 정말 동학을 믿으면 새 세상이 올까?" 김개남을 바라보는 전봉준의 두 눈이 매섭게 반짝였다. 야무지고 침착하고 신중한 전봉준과 화통하고 격정적인 김개남은 죽이 잘 맞았다. 둘은 '옹 선생'이라 불리는 이에게 함께 글을 배웠다. 옹 선생은 틈만 나면 왜 백성들이 끊임없이 낫과 곡괭이를 들고 관아를 부수고 불태우는지 청나라, 일본, 미국 같은 강대국들이 왜 조선을 기웃거리는지 얘기해 주었다. 전봉준은 동학에서 '사람이 곧 하늘'이라고 하는 게 "모든 사람이 평등하게 대접받는 세상이 아닐까." 어렴풋이 생각했다.

전봉준은 총명하고 글솜씨가 빼어났다. 하지만 벼슬길은 꿈도 꾸기 어려웠다. 나라가 썩을 대로 썩어 돈을 주어야 벼슬자리를 살 수 있었다. 아버지 전창혁이 서당 선생을 하며 여기저기 떠돌며 사는 형편이라 큰돈이 있을 리 없었다. 전봉준도 서른 살 때 고부군 이평면 조소리에 터 잡을 때까지 서당 선생을 하며 떠돌았다. 조소리에 눌러앉은 뒤에도 서당 선생, 지관, 한약방 등을 하며 먹고살았다.

전봉준은 체격은 작고 볼품없었지만, 언제 어디서나 반듯하고, 당당하고, 의연했다. 또 어른을 잘 공경하고 늘 정중하게 사람을 대했다. 마을 사람들은 어려운 일이 생기면 으레 전봉준을 찾아와 상의했다. 전봉준은 기꺼이 함께 고민하고, 해결하려고 노력했다. 마을 사람들은 '큰일을 할 사람'이라며 입을 모아 전봉준을 칭찬했다.

김개남(1853~1895)
태인 대접주. 백산에서 총관령이 되어 동학 농민군을 이끌었다. 2차 동학 농민 운동 때 농민군 8천 명을 이끌고 청주를 공격했으나 패했다. 1895년 1월, 전주 감영에서 참수되었다.

손화중(1861~1895)
무장 대접주. 무장은 전라도에서 동학의 세가 가장 센 곳 중 하나였다. 뛰어난 지도력을 발휘했으며, 우금치 전투에서 패한 뒤 나주성을 공격하다 붙잡혔다. 1895년 전봉준, 김덕명, 최경선과 함께 교수형을 당했다.

김덕명(1845~1895)
김제 대접주. 전봉준, 손화중, 김개남과 함께 '호남창의소'를 설치하고, 총참모가 되어 동학 농민 운동 초기부터 지도자로 활약했다. 우금치 전투에서 패한 뒤 금구와 원평에서 치열하게 싸우다 붙잡혀 교수형을 당했다.

백성이 주인인 세상을 꿈꾸다

전봉준이 동학에 관심을 가진 건 어찌 보면 당연했다. 이미 10대 시절 동학에 대해 들었고, 주변에 김개남, 처가 친척인 송희옥 등 동학교도들이 있었다. 또 마을의 궂은 일을 도맡다 보니, 누구보다 농민들의 사정을 잘 알았다. 전봉준은 가까운 데 사는 김덕명, 최경선 같은 동학 지도자들과 만나 속마음을 나누곤 했다. 이들과 만나면서 전봉준의 마음속에는 "백성이 주인이 되는 세상."을 만들고 싶은 꿈이 자리했다.

1888년 무장의 동학 대접주 손화중과의 만남은 전봉준의 꿈을 더욱 단단하게 해 주었다. 손화중은 동학교도들을 모아 조선 왕조를 무너뜨리고, 새 나라를 만들어야 한다고 주장했다. 무장의 동학교도들은 모이기만 하면 나라 돌아가는 이야기로 시작해, 세상을 뒤집어야 한다는 말로 이야기를 끝냈다. 마음을 굳힌 전봉준은 1892년 정식으로 동학에 들어갔다. 고부 지역에서 신망이 두터웠던 전봉준은 곧 고부 접주가 되었다.

동학 지도자들 중에서는 서장옥, 김개남, 손화중, 김덕명 등이 전봉준과 비슷한 생각을 했다. 대부분 남쪽인 전라도 지방의 접주를 맡고 있어서 이들을 '남접'이라고 불렀다. 남접과 다르게 동학의 종교적 역할을 강조한 충청도, 경기도, 강원도의 접주들을 '북접'이라고 했다. 최시형, 손병희 등이 이끄는 북접은 남접이 현실 문제에 관심 두는 걸 마땅찮게 여겼다. 하지만 동학교도들이 역사의 소용돌이 속으로 휘말려 들어가는 걸 막을 수는 없었다.

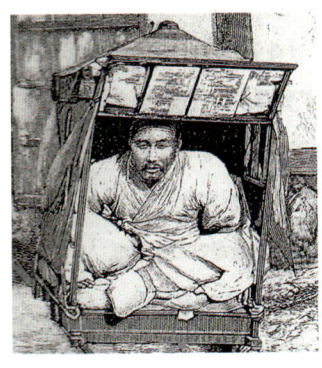

최경선(1859~1895)
주산 접주. 전봉준과 함께 사발통문에 서명하고, 고부 봉기부터 함께했다. 백산에서 영솔장을 맡아 전주성을 점령하는 데 앞장섰다. 1895년 3월, 전봉준, 손화중 등과 함께 교수형을 당했다.

최시형(1827~1898)
동학 2대 교주. 1861년 동학에 입교했다. 마음의 평안과 내세의 행복을 주장한 온건파였으나, 2차 동학 농민 운동 때는 적극 참여했다. 1898년 6월 붙잡혀 교수형을 당했다.

손병희(1861~1922)
동학 3대 교주. 북접 통령으로 동학 농민군을 이끌고 우금치 전투에 참여했다. 패배 뒤 평안도, 함경도 등 북부 지방의 포교에 힘썼다. 1905년 동학을 '천도교'로 바꾸었고, 3·1 운동 때 민족 대표로 참여했다.

분노의 들판

1892년 10월, 충청도 공주는 남쪽에서 올라온 2만여 명으로 발 디딜 틈이 없었다. 전봉준을 비롯해 남접 지도자들이 불러 모은 동학교도들이었다. 나라의 문을 연 뒤 천주교와 개신교는 종교의 자유를 얻었다. 하지만 동학은 심한 탄압을 받았고, 교주 최제우는 신분 질서를 어지럽힌다는 죄로 처형당했다. 견디다 못한 동학교도들이 탄압을 중지하고, 억울하게 죽은 최제우의 한을 풀어 달라며 일어선 것이다. 동학교도의 기세에 놀란 충청 감사는 해치지 않을 테니 해산하라고 했다. 동학교도들은 평화적으로 해산했다.

한 달 뒤 삼례에서 다시 집회가 열렸다. 전봉준은 "탐관오리를 몰아내라!", "악질 지주를 처벌하라!", "외국인 선교사와 상인은 조선을 떠나라!"는 새로운 요구를 내세웠다. 그리고 소장에 정리해 전라 감사에게 직접 가져갔다. 전라 감사도 일단 돌아가 기다리면 좋은 소식이 있을 거라고 했다. 하지만 약속은 지켜지지 않았다. 동학교도들은 1893년 3월, 충청도 보은에서 다시 모였다. 전봉준은 몇만 명이 하나 되어 외치는 모습에서 나라와 백성을 살릴 수 있으리라는 희망을 품었다.

하지만 고종이 탐관오리를 엄히 벌하겠다는 교지를 내리자 교주 최시형은 아무 대책 없이 해산을 결정했다. 다시 탄압이 시작되었다. 전봉준은 은밀히 남쪽 지방을 돌아다니며 사람들을 모아 나갔다. 그리고 고을을 지날 때마다 '호남창의대장' 이름으로 다음과 같은 〈창의문〉을 써 붙였다. "정부에서 부정하게 재산을 모은 관리를 찾아 죽이지 않고 오히려 백성에게 덮어씌운다면, 다시 모여 우리의 뜻을 기필코 이룰 것이다!" 이제 전봉준은 전라도 지역 동학교도와 농민들의 최고 지도자로 거듭났다.

들끓는 고부

1892년 5월, 조병갑이 새 고부 군수로 왔다. 조병갑은 세도가인 풍양 조씨를 등에 업고 갖은 방법으로 농민들을 쥐어짰다. 참다못한 농민들은 조병갑이 더는 행패를 못 부리게 강력히 항의하기로 했다. 그러나 감히 나서는 이가 없었다. 올곧은 선비로 이름난 전봉준의 아버지 전창혁이 선뜻 나섰다. 전창혁은 세금을 줄여 달라는 상소문을 써서 고부 농민들과 함께 조병갑을 찾아갔다.

전창혁과 농민들은 애타게 호소했다. 그러나 조병갑은 이들에게 반란을 꾸몄다는 죄를 뒤집어씌워 호된 매질과 고문을 했다. 결국 전창혁은 감옥 안에서 숨이 끊어졌다. 남쪽 지방을 돌다 소식을 듣고 달려온 전봉준은 아버지의 시신 앞에서 다짐했다. "세금을 줄여 달라고 하소연하는 농민을 때려죽이는 나라가 나라인가? 말로, 글로 호소해서 안 된다면 행동으로 보여 주는 수밖에 없다!" 1893년 여름, 고부는 곧 폭발할 듯 부글부글 끓었다.

고부에 울려 퍼진 함성

1894년 1월 9일 밤. 수많은 횃불이 고부군 이평면 말목 장터로 모여들었다. "길을 비키시오. 호남창의대장이시오!" 자그마하고 깡마른 전봉준이 당당히 걸어 나왔다. "호남창의군 여러분! 백성은 하늘입니다! 우리의 뜻이 곧 하늘의 뜻이니, 다 함께 일어섭시다! 내일 새벽 고부 관아로 쳐들어갈 것입니다!" 곧이어 "조병갑을 때려잡자!"는 농민군의 함성이 밤하늘을 갈랐다.

농민군을 이끌고 고부 관아를 점령한 전봉준은 억울하게 옥에 갇힌 백성을 풀어 주고, 창고의 쌀을 가난한 백성에게 나누어 주었다. 또 관군이 몰려올 것에 대비해 무기고의 무기를 꺼내 농민군을 무장시켰다. 고부 소식을 들은 조정은 조병갑을 파직하고, 이용태를 안핵사로 보내 사태를 잘 마무리 짓도록 했다.

하지만 800명의 관군을 이끌고 온 이용태는 사태를 더 악화시켰다. 사람들을 닥치는 대로 잡아들여 동학교도로 몰아 재산을 빼앗고, 부녀자를 욕보이고, 민가에 불을 질렀다. 한 곳에서 일어나 봤자 소용없다는 걸 깨달은 전봉준은 손화중과 김개남을 만났다. 이들은 농민군을 모아 전주를 거쳐, 한양으로 치고 올라가자는 데 뜻을 모았다.

1894년 1월 10일, 고부 관아 점령
전봉준이 이끄는 동학 농민군이 들이닥치자, 조병갑은 담을 넘어 도망쳤다. 전봉준은 동학 농민군을 일단 백산으로 옮겨 관군과의 전투에 대비해 농민군을 훈련시켰다.

1894년 4월 7일, 황토 마루 전투
관군은 농민군을 얕잡아 보고 술을 마시기까지 했다. 농민군은 패한 척 도망가며 관군을 끌어들였다. 밤이 되어 농민군이 기습하자, 관군은 수백 명의 전사자를 내고 물러갔다.

동학 농민군 일어서다

1894년 3월 20일, 무장현 동음치면 당뫼골에 농민군 3천이 모였다. 오색 깃발이 물결치고, 농민군의 함성이 땅을 울렸다. 전봉준은 농민군을 이끌고 백산으로 갔다. 김개남과 김덕명이 이끄는 농민군도 합류해 모두 8천에 이르렀다. 모두 흰옷 차림이라 일어서면 온 산이 하얗게 보였다. 모두 시퍼런 죽창을 들고 있어서 앉으면 온 산이 대나무 색깔로 물들었다. 그야말로 "서면 백산, 앉으면 죽산."이었다. 농민군은 백산에 '호남창의대장소'를 두고 전봉준을 총대장으로 뽑았다. 전봉준은 농민군의 마음가짐과 목표를 발표했다. "사람을 죽이지 말고 물건을 부수지 말 것. 충효를 다하여 세상을 구하고 백성을 편안하게 할 것. 외적을 몰아내고 성도를 깨끗이 할 것. 서울로 진격해 세도가들을 몰아낼 것." 네 가지였다. 이어 행동 강령을 정했다. "욕심부리는 자는 내쫓고, 굶주린 자는 먹이고, 항복한 자는 대접한다…" 하나같이 백성을 내 몸처럼 아끼고 보호하는 내용이었다.

농민군은 전주로 향했다. 황토 마루에서 관군을 무찔러 사기가 오른 농민군은 정읍, 무장, 고창 등을 점령해 기세를 떨쳤다. 조정에서는 홍계훈을 '양호초토사'로 삼아 장위영군을 보냈다. 농민군은 황룡촌에서 장위영군을 막아 내고, 마침내 전주성을 차지했다.

1894년 4월 23일, 황룡촌 전투
장위영군은 대포로 무장한 국내 최강 관군이었다. 농민군은 산 위에 진을 치고 장위영군에 맞섰다. 농민군은 장태에 칼을 꽂아 아래로 굴리는 등 지형을 이용해 장위영군을 무찔렀다.

1894년 4월 27일, 전주성 점령
때마침 장날이라 전주성 서문 밖은 북새통이었다. 농민군은 장사꾼으로 꾸며 백성들 틈에 섞여 전주성으로 들어가 서문과 남문을 열어젖혔다. 농민군은 손쉽게 전주성을 점령했다.

동학 농민군, 다시 일어서다

조선의 힘만으로 농민군을 막아 낼 수 없다고 생각한 조정은 청나라에 구원을 요청했다. 청나라는 기다렸다는 듯 군대를 보냈다. 청, 일 중 한 나라가 군대를 보내면 다른 나라도 보낸다는 '톈진 조약'에 따라 일본군도 들어왔다. 자칫하면 조선 땅이 전쟁터가 될 판이었다. 게다가 농사철이 다가와 고향으로 돌아가는 농민군이 갈수록 늘었다. 전봉준과 지도부는 회의를 열어 '폐정 개혁안 12개조'를 정리했다. 1894년 5월 7일, 조정이 농민군의 개혁 요구를 받아들여 '전주 화약'이 이루어졌다. 농민군은 전주성을 나와 해산했다.

전봉준은 백성들 손으로 집강을 뽑아 고을을 다스리는 '집강소' 설치를 가장 중요하게 여겼다. 집강소야말로 전봉준이 꿈꾼 백성이 주인이 되는 세상을 만드는 첫걸음이었다. 전봉준은 전라도를 돌며 집강소에 대해 널리 알렸다. 그러나 세상은 전봉준 뜻대로 돌아가지 않았다. 7월 11일, 일본은 선전 포고도 없이 '청일 전쟁'을 일으켰다. 그해 9월 11일, 농민군은 다시 일어서기로 했다. 이번에는 북접도 들고일어났다. 남접과 북접의 농민군 20만이 '척왜양'을 외치며 10월 9일, 논산에 모였다.

11월 9일, 전봉준이 이끄는 농민군은 공주 남쪽에 있는 우금치 고개를 향해 돌진했다. 하지만 위에서 기다리던 조일 연합군이 쏘는 포탄이 비 오듯 쏟아졌다. 고개를 오르고 밀려 내려가기를 수십 차례, 우금치 일대는 농민군의 시체로 덮여 갔다. 결국 전봉준은 후퇴

폐정 개혁안 주요 내용
- 농민군과 정부가 손잡고 서로 협력한다.
- 지역, 문벌에 관계없이 인재를 고르게 등용한다.
- 관청이나 개인에게 진 기존의 빚은 모두 무효로 한다.
- 탐관오리는 엄히 징계한다.
- 횡포한 양반과 부자는 엄히 처벌한다.
- 노비 문서를 불태우고, 천민에 대한 차별을 없앤다.
- 외적과 내통하는 자는 처벌한다.
- 과부의 재혼을 허락한다.
- 토지는 고르게 나눈다.

전봉준과 동학 농민군의 새로운 세상에 대한 꿈은 끝내 좌절되었지만, 동학 농민군이 요구한 개혁안들은 우리나라 최초의 근대적 개혁으로 불리는 '갑오개혁'으로 이어졌어.

명령을 내렸다. 살아남은 농민군은 겨우 500뿐이었다. 손화중과 최경선이 이끌던 농민군도 크게 패하여 남은 농민군은 고작 3천이었다. 전봉준은 농민군을 이끌고 원평과 태인에서 치열하게 싸웠다. 하지만 다시는 일어서기 힘들 만큼 참담하게 무너졌다.

무악재 아래에서 지다

1894년 11월 27일, 전라도 장성 노령 고개에는 눈이 하얗게 쌓여 있었다. 몹시 지친 한 무리의 농민군 앞에 전봉준이 섰다. "이 땅은 왜놈의 나라가 되었소. 하지만 우리가 흘린 뜨거운 피는 결코 지워지지 않을 것이오! 언젠가는 이 땅에 백성이 주인인 나라가 설 것이오! 우리 모두 흩어져 혁명의 씨앗이 됩시다!" 농민군이 흩어지자, 전봉준의 눈에서 뜨거운 눈물이 하염없이 흘렀다. 전봉준은 부하 김경천이 숨어 있는 순창군 피로리로 갔다. 목에 현상금 1천 냥과 군수 자리가 걸려 있었으나 알지 못했다.

12월 2일, 전봉준은 끝내 김경천의 밀고로 잡혀 서울로 압송당했다. 그리고 이듬해 3월 29일 손화중, 최경선, 김덕명 등과 함께 사형 선고를 받았다. 마지막으로 할 말이 없냐는 법관의 질문에 전봉준은 당당히 말했다. "정도를 위해 죽는 건 원통하지 않으나, 역적이라는 이름으로 죽는 건 원통하다!" 이튿날 새벽, 전봉준은 같은 꿈을 이루려고 함께 달린 동지들과 함께 무악재 아래에서 교수형을 당했다. 전봉준의 나이 마흔둘이었다.

전봉준은 부상으로 다리가 썩어 잘 걷지 못하는데다 잡힐 때 심하게 맞아 들것에 실려 서울로 압송되었다. 전봉준은 일본의 갖은 회유와 협박에도 굴하지 않았다. 일본 신문 《이륙신보》는 전봉준의 모습을 다음과 같이 전했다. "지위를 주겠다, 재산을 주겠다…. 갖은 방법으로 구슬려도 그저 '죽을 뿐'이라고 했다. 어찌나 당당한지 일본인도 경의를 표했다."

새야 새야 녹두새야
웃녘 새야 아랫녘 새야
전주 고부 녹두새야
함박 쪽박 열나무 딱딱 후여.

새야 새야 녹두새야
녹두꽃이 떨어지면
청포 장수 울고 간다.

— 〈갑오동학혁명의 노래〉, 신석정

조선, 변화의 길목에 서다

1800년대 들어서 조선은 커다란 시련에 마주쳤다. 안으로는 백성들의 삶이 무너지고, 밖으로는 제국주의 열강이 호시탐탐 조선을 넘보았다. 바람 앞의 등불처럼 위태로운 조선. 과연 조선은 안팎의 위기에서 벗어날 수 있을까?

조선 왕조, 전환기를 맞다

"우리는 땅이 넓고 물자가 풍부해 교역의 필요성을 못 느낀다."며 거드름을 피던 청나라는 1840년 '아편 전쟁'에 져서 영국에 무릎 꿇었다. 일본은 1854년 대포로 무장한 미국에 굴복해 문호를 열었다. 일본은 재빠르게 '메이지 유신'을 실시해 근대 국가의 모습을 갖추고, 조선으로 눈을 돌렸다. 1876년 2월, 조선은 일본과 '강화도 조약'을 맺고 마침내 나라의 문을 열었다. 강화도 조약은 우리가 외국과 맺은 최초의 근대적 조약으로, 주요 내용은 다음과 같다. "제1조, 조선은 자주국으로서 일본과 평등한 권리를 갖는다. 제4조, 부산과 제물포, 원산항을 개항하고, 일본인이 자유롭게 다니며 장사할 수 있게 한다. 제7조, 일본은 조선 앞바다를 마음대로 측량할 수 있다. 제10조, 일본인이 개항장에서 저지른 죄는 일본 관리가 심판한다." 이어 조선은 미국, 영국, 러시아 등과 차례로 조약을 맺어 바야흐로 '세계 속의 조선' 시대를 맞게 되었다.

조선은 의무만 있고, 일본은 권리만 있는 불평등 조약이야. 다른 나라와 맺은 조약도 마찬가지였어.

1883년 '조일 통상 조약'을 체결하고 연 연회 모습을 그린 〈조일 통상 조약 체결 기념 연회도〉이다. 서양식 상차림에 우리의 고임 음식이 올라간 게 변화해 가는 조선을 떠올리게 한다.

개화를 둘러싼 뜨거운 논란

조선 정부는 일본에 수신사와 조사 시찰단, 청에 영선사를 보내 앞선 문물을 배워 오게 했다. 그리고 개화 정책을 펴려고 '통리기무아문'을 두고, 신식 군대인 '별기군'도 만들었다. 개화 정책이 추진되면서 김옥균이 중심이 된 '개화파'가 새로운 정치 세력으로 떠올랐다. 한편 최익현을 비롯한 유생들은 "먼저 우리의 정신을 굳건히 지키고, 오랑캐 문화인 신문물을 배척하자."는 '위정척사론'을 주장하며 개화 정책에 반대했다. 1882년에는 신식 군대에 비해 차별 대우를 받던 구식 군인들이 '임오군란'을 일으켜 개화 정책을 중단하라고

차별도 서러운데 월급이 13개월이나 밀렸어. 겨우 한 달 치를 받았는데, 겨와 모래가 반도 넘게 섞여 있었어. 분노가 폭발할 수밖에….

요구했다. 정권을 쥐고 있던 왕비 민씨와 척족들은 청나라의 힘을 빌려 무자비하게 진압했다. 청은 감 놔라 배 놔라 조선의 내정을 간섭했다. 청의 속국이 될지도 모른다는 위기감에 몰린 개화파는 급기야 1894년, 일본의 도움을 받아 '갑신정변'을 일으켰다. 그러나 청군의 공격으로 개화를 통해 근대 국가를 세우려던 개화파의 꿈은 '삼일천하'로 끝나고 말았다. 갈수록 청의 간섭이 심해졌다.

동학 농민군, 봉건 체제와 외세에 맞서 일어서다

나라의 문을 열면서 값싸고 편리한 물건이 쏟아져 들어왔다. 베틀로 짠 무명은 기계로 짠 영국산 옥양목 앞에 맥을 못 추었다. 성냥, 남포등, 석유는 순식간에 퍼져 나가 등잔, 들기름을 대신했다. 백성들은 외국 물건을 사려고 쌀과 콩을 내다 팔았다. 일본 상인과 청나라 상인은 앞다투어 조선의 쌀과 쇠가죽, 금을 실어 갔다. 농촌 경제가 무너지면서 나라 경제가 무너져 갔고, 농민들의 한숨과 눈물, 분노도 쌓여 갔다. 1894년 고부에서 시작된 동학 농민군의 함성은 해일이 되어 온

일본군과 청군이 선글라스를 끼고 '한국'이라는 묘비명을 등에 단 조선 양반을 짓밟고 지나가고 있다. 조선을 놓고 각축을 벌이는 청나라와 일본, 기회를 엿보는 러시아를 풍자한 프랑스 화가 비고의 그림이다.

나라를 휩쓸었다. 정부는 청나라에 지원군을 요청했다. 청군이 들어오자 일본군도 뒤질세라 들어와 조선 땅이 남의 나라 전쟁터가 될 판이었다. 동학 농민군 지도부와 정부는 '전주 화약'을 맺고, 농민군이 요구한 개혁을 실시하기로 했다.

평등 사회를 향해 출발하다

청일 전쟁에서 승기를 잡은 일본은 고종과 왕비 민씨를 협박해 친일 내각을 세우고, 3일 안에 개혁안을 의결하고 10일 안에 실시하라는 억지를 부렸다. 친일 내각은 '군국기무처'를 두고 정치, 경제, 사회 전반에 걸쳐 무려 200가지가 넘는 개혁안을 발표했다. 이른바 '갑오개혁'이다. 갑오개혁은 우리나라 최초의 근대적 개혁으로 조선을 송두리째 바꿔 놓았다. 정치 면에서는 의정부와 궁내부를 나누고 의정부 밑에 8아문을 두었다. 또 과거제를 없애고, 능력에 따라 인재를 뽑는 새 관리 임용법을 만들었다. 사법 제도도 고쳐 전국에 신식 재판소를 두었다. 가장 두드러진 개혁은 사회 면이었다. 수천 년을 이어 내려온 신분제를 없애고, 과부의 재혼을 허가했으며, 조혼을 금지시켰다. 갑오개혁으로 비로소 조선은 평등 사회로 나아가는 물꼬를 트게 되었다.

일본의 뜻에 따라 외교와 국방 개혁이 빠지는 바람에 일본의 침략을 좀 더 쉽게 만드는 한계도 뚜렷했지.

 나를 아는 데 필요한 정보 ❼

❶ 나 이상재는 1850년 10월 26일 충남 서천에서 태어나 1927년 3월 29일 서울 재동에서 죽었다.
❷ 어찌나 총명한지 사람들이 날 보고 "이색이 나타났다."고 했다. 안 그래도 고려 말 성리학을 활짝 꽃피운 이색의 후손이다.
❸ 백성을 괴롭히는 나쁜 제도는 비록 임금이 재가해도 반포를 거부했고, 끝내 임금을 설득했다.
❹ 1896년 '독립 협회' 창립에 참여했으며, '만민 공동회'를 이끌었다.
❺ 독립 협회가 연 '관민 공동회'에서 결의한 '헌의 6조'를 고종에게 올렸다. 1898년 고종이 독립 협회를 해산하라고 명하자, 정치에서 물러났다.
❻ 기독교 청년 운동을 통해 청년들을 계몽하고, 최대의 민족 운동 단체인 '신간회' 초대 회장을 지냈다.
❼ 내 장례는 한국 최초의 사회장으로 치렀으며, 추모객이 10만 명이나 되었다.

이상재

조선은 자주 독립국이오!

난 60이 넘어서도 스스로 청년이라 생각하고 청년들 속으로 들어가 함께 공부하며 일했어. 왜냐고? 청년더러 노인이 되라고 할 수 없으니, 내가 청년이 되어야지, 안 그래? 나라는 점점 일제의 손아귀에 들어가고, 나라를 구하는 방법은 청년들을 가르쳐 실력을 기르는 길밖에 없다고 보았거든. 열여덟 살에 과거에 낙방하고, 13여 년 동안 개인 비서 생활을 했어. 하찮아 보일 수도 있지만, 난 자존심을 잃지 않고 줏대 있게 일했어. 그러다 보니 관직에 오를 기회가 오더라고. 그 무렵 조선은 청나라, 일본, 러시아 같은 강대국 틈바구니에서 찌부러져 갔어. 조선을 힘 있는 독립 국가로 세우고 싶었지. 그래서 뜻있는 이들과 '독립 협회'를 만들어 조선이 독립 국가임을 만방에 알렸어. 또 '만민 공동회'를 열어 백성의 열의를 모아 정부를 개혁하려고 했지. 하지만 끝내 일제에 나라를 빼앗기고 말았네ㅠㅠ. 그래도 난 좌절하지 않고, 죽는 날까지 청년들과 하나 되어 실력을 기르는 데 온 힘을 기울였어.

독립 협회는 자주 의식을 드높이고 조선이 독립 국가임을 널리 알리려고, 청나라 사신을 맞이하던 영은문을 헐고 그 자리에 독립문을 세웠다. 1896년에 공사를 시작해 1897년에 완공했다. 현판석 앞뒤로 '독립문'이라는 글자를 한글과 한자로, 양옆에 태극기 무늬를 새겨 넣었다. 1979년에 서울특별시 서대문구 현저동 서대문 독립 공원으로 옮긴 독립문의 모습이다.

식객에서 개화 관료로

이상재는 어릴 때부터 총명했다. 동네 사람들이 "목은 이색이 나타났다."고 할 정도였다. 그러나 열여덟 살에 과거에 낙방하고 서른한 살이 될 때까지 아무 벼슬도 못 하고 개화파 관료 박정양의 개인 비서로 일했다. 말이 비서이지 드나드는 손님을 접대하고, 세상 물정을 보고하고, 개인 사무를 도와주는 미미한 직책이었다. 물론 고분고분한 비서는 아니었다. 이상재는 때로는 투덜거리고 때로는 비꼬며 할 말을 다 했다.

1881년 새로운 기회가 찾아왔다. 이상재의 됨됨이를 안 박정양의 추천으로 그해에 조사 시찰단 수행원, 1887년 미국 공사관 1등 서기관이 되었다. 1894년에는 승정원 우부 승지 겸 경연각 참찬관에 올랐다. 승정원은 오늘날 문화 체육 관광부 같은 곳이며, 경연각은 임금 앞에서 경서와 문헌을 강론하는 관청, 참찬관은 임금의 공보 비서 역할이었다. 처음으로 나라 정치에 관여할 수 있는 자리에 앉은 셈이었다.

같은 해 '갑오개혁'으로 중앙 관제도 달라졌다. 6조 체제를 내무, 외무, 탁지, 군무, 법무, 학무, 공무, 농상무 8아문으로 바꾸었다. 이상재는 학무아문의 참의가 되어 과거 제도를 폐지하고, 근대식 교육 제도를 실시하는 데 앞장섰다. 또 외국어 학교 등 각종 학교를 세워 인재를 기르는 데 힘썼다.

초대 주미 전권 공사단 일행이다. 앞줄 왼쪽부터 이상재, 이완용, 공사 박정양이다.

자주 독립 국가를 꿈꾸다

1895년 10월, 일본 깡패들이 경복궁에 들이닥쳐 왕비를 처참하게 시해하는 '을미사변'을 일으켰다. 언제 자신도 죽임을 당할지 모른다고 여긴 고종은 이듬해 2월, 몰래 러시아 공사관으로 거처를 옮겼다. 한 나라의 임금이 남의 나라 공사관에 얹혀사는 꼴이었다. 나라의 위신은 땅에 떨어졌고, 러시아가 주도권을 쥔 가운데 열강의 다툼도 한층 심해졌다.

이 무렵 갑신정변 때 역적으로 몰려 미국으로 망명한 서재필이 귀국했다. 오랫동안 미국의 앞선 문물을 체험한 서재필은 백성에게 자주 독립 정신을 일깨워 줄 방법을 궁리했다. 무엇보다 신문이 빠르고, 효과도 클 듯했다. 1896년 4월, 《독립신문》을 창간했다. 서재필은 신문 창간 목적이 "무슨 일에서든 백성의 대변자가 되고, 정부가 하는 일을 백성에게 알리는 데 있다…."고 밝혔다.

때맞춰 나라의 주권과 백성의 권리를 세워야 한다는 기운이 높아졌다. 서재필을 중심으로 백성들에게 성금을 모아, 독립문을 세우자는 움직임이 일었다. 성금을 모으는 단체도 만들었다. 이 단체를 바탕으로 같은 해 7월, '독립 협회'를 만들었다. 이상재도 참여했다. 독립 협회는 독립문을 세우고, 백성을 상대로 토론회와 강연회를 자주 열어 자주 독립 의식을 일깨웠다. 또한 개혁의 필요성을 주장하며 나라를 새롭게 할 방안을 내놓았다.

만민 공동회의 단골 연사

궁궐로 돌아오라는 여론이 높아지자, 고종은 1897년 2월, 경운궁(덕수궁)으로 돌아왔다. 그리고 그해 10월, 나라 이름을 '대한 제국'으로 바꾸고, 헌법에 해당하는 '대한국 국제'를 반포했다. 그러나 나라 이름을 바꾸고, 헌법을 만들었다고 해서 바뀐 건 아무것도 없었다. 이런 가운데 러시아의 이권 침탈이 갈수록 심해졌다. 하지만 정부는 이 나라, 저 나라 눈치만 보느라 급급했다.

독립 협회는 정부의 태도와 러시아를 규탄하는 '만민 공동회'를 열기로 했다. 1898년 3월, 서울 종로에는 1만여 명이 넘는 사람들로 발 디딜 틈이 없었다. 이 자리에서 러시아 군사 교관과 재정 고문을 철수시키라는 결의안을 채택했다. 그 뒤로 거의 날마다 만민 공동회가 열렸고, 독립 협회 부회장이 된 이상재는 단골 연사로 이름을 날렸다. 그러나 백성들의 정치 참여를 선동했다는 죄로 옥고를 치러야 했다.

독립 협회는 그해 10월 29일, 개화파 관료인 박정양, 한규설 등이 참석한 '관민 공동회'를 열어 정부에 개혁안 '헌의 6조'를 전달했다. 불안감이 커진 친러 보수파는 만민 공동회가 반역을 꾀한다고 고종에게 거짓으로 보고했다. 불안해진 고종은 결국 만민 공동회를 해산하라는 명을 내렸다. 이상재는 고향으로 내려갔다.

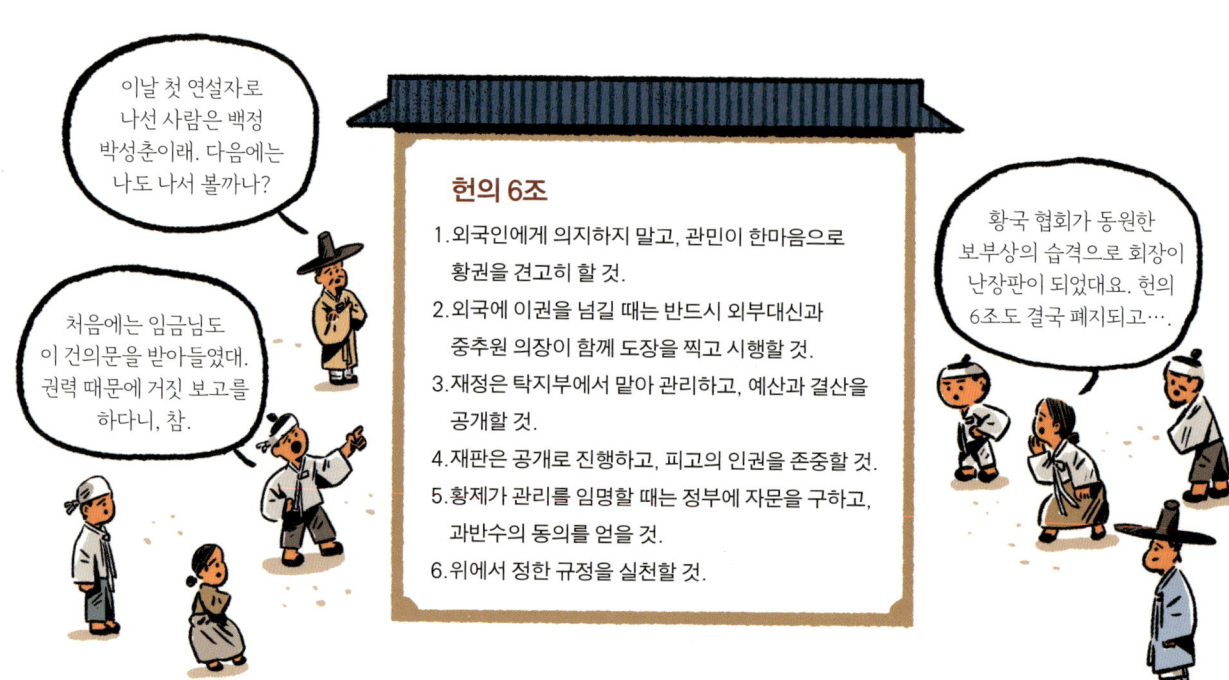

헌의 6조
1. 외국인에게 의지하지 말고, 관민이 한마음으로 황권을 견고히 할 것.
2. 외국에 이권을 넘길 때는 반드시 외부대신과 중추원 의장이 함께 도장을 찍고 시행할 것.
3. 재정은 탁지부에서 맡아 관리하고, 예산과 결산을 공개할 것.
4. 재판은 공개로 진행하고, 피고의 인권을 존중할 것.
5. 황제가 관리를 임명할 때는 정부에 자문을 구하고, 과반수의 동의를 얻을 것.
6. 위에서 정한 규정을 실천할 것.

청년의 스승으로 남다

1902년 6월, 이상재는 옛 독립 협회 회원들과 정치 개혁을 논의하다 개혁당으로 몰려 2년간 옥살이를 했다. 이때 이승만을 만나 기독교를 믿기 시작했다. 1904년 풀려난 이상재는 기독교를 통해 청년을 가르쳐 위기에 빠진 나라를 구하기로 결심하고, YMCA(황성 기독교 청년회)에 들어갔다. 이듬해에는 교육부 위원장이 되어 염색, 목공 같은 실용 교육도 시작했다.

1912년 6월, YMCA 총무가 되었다. 일제는 한국 YMCA를 일본 조합 교회 아래 두려고 끈질기게 이상재를 꾀었으나 단호히 뿌리쳤다. 2년 뒤에는 전국 조직을 만들어 기독교 청년 운동의 기틀을 닦았다. 1916년 명예 총무로 물러난 이상재는 전국을 돌며 포교 활동을 하는 한편, 각 종교 단체의 단합을 추진해 민족 운동의 기반을 마련했다.

1920년대 들어 일부 민족주의자들이 일제의 지배를 인정하는 범위 내에서 자치를 주장하는 '자치 운동'에 나섰다. 사상과 이념을 뛰어넘어 "단결하여 투쟁하자!"는 운동이 벌어졌고, 비타협적 민족주의자들과 사회주의자들이 힘을 모아 1927년 '신간회'를 결성했다. 신간회는 이상재를 회장에 추대했다. 그만큼 민족 지도자로 추앙받았던 것이다. 그러나 얼마 뒤 병으로 세상을 떠나고 말았다.

개혁당 사건으로 한성 감옥에 갇혀 있던 1903년 이상재의 모습이다. 앞줄 오른쪽에서 두 번째가 이상재, 맨 왼쪽에 서 있는 이가 이승만이다.

초기 YMCA 지도자들이다. 앞줄 오른쪽이 이상재, 뒷줄 맨 왼쪽과 오른쪽은 각각 윤치호와 신승우이다.

이상재 장례식은 한국 최초로 사회장으로 치러졌다.

나를 아는 데 필요한 정보 7

1. 나 이완용은 1858년 6월 7일 경기도 광주에서 태어나 1926년 2월 11일 서울 옥인동에서 죽었다.
2. 자는 나를 깨워 글을 외우게 하면 바로 외울 정도로 총명했다. 덕분에 노론 명문가 이호준의 양자로 들어가 최고급 교육을 받았다.
3. 글씨에도 빼어나 김정희에 버금가는 '명필'이라는 소리를 들었다.
4. 침착하면서도 당돌했다. 한번 마음먹은 일은 끝까지 밀고 나갈 만큼 추진력도 강했다.
5. '독립 협회 창립 총회' 위원장을 맡았으며, 독립문을 세울 때 100원을 기부했다.
6. 조선을 둘러싼 정세 변화에 따라 친미파–친러파–친일파로 변신했다. 한편에서는 '변신의 귀재', 한편에서는 '지조 부족'이라고 했다.
7. 학부대신으로 '을사늑약', 총리대신으로 '한일 병합 조약'을 주도하여, 대한 제국을 일본에 넘겼다.

이완용

영원히 씻지 못할 더러운 이름 매국노

1905년 11월 7일, 일본군이 궁궐을 에워싼 가운데 대신들의 회의가 열렸어. 일본이 내민 조약에 찬성이냐 반대냐 결판을 내야 했거든. 난 찬성 쪽으로 팍팍 밀었어. "힘을 키워 나중에 되찾으면 된다."고 생각했기 때문이야. 외교권이 일본에 넘어갔지. 일본은 한국을 완전히 집어삼키려고 치밀하게 움직였어. 난 더는 '한일 병합'을 거스를 수 없다고 보았어. 1910년 8월 22일, 전권 위임장을 들고 가서 조약 문서에 도장을 꾸욱 눌렀지. 나라를 넘긴 대가로 온갖 부귀영화를 누렸어. 녹을 먹는 관리인데, 나라고 처음부터 나라를 내주려고 했겠어? 한때는 조선을 미국처럼 잘사는 나라로 만들고 싶어 한 개화 관료였다고. 그래서 독립 협회에 나가 힘을 길러 나라를 지키자고 목청껏 부르짖기도 했어. 그런데 시대 흐름을 좇다 보니, 끝내 '매국노'라는 씻을 수 없는 오명을 남겼네···. 난 지금도 늘 내 자리에서 최선의 선택을 했다고 생각해. 꼴 사나운 변명은 집어치우라고? 알았어···.

'한일 병합 조약' 서문이다. 내용은 "한국 황제 폐하 및 일본국 황제 폐하는 동양 평화를 영구히 확보하기 위하여 한국을 일본국에 병합하는 게 나을 것으로 확신한다. 이에 양국이 병합 조약을 체결하는 것으로 결정한다. 이를 위해 한국 황제 폐하는 내각 총리대신 이완용을, 일본국 황제 폐하는 통감 데라우치 마사타케를 각각 전권 위원으로 임명한다. 두 전권 위원은 회동, 협의하여 조약문의 조항을 협정한다."고 되어 있다.

촉망 받는 신세대 관료가 되다

가난한 선비의 아들로 태어난 이완용은 여섯 살 때 《천자문》을 떼어 신동으로 소문났다. 덕분에 열 살에 노론 명문가인 이호준의 양자로 들어가 최고급 성리학 교육을 받았다. 스물다섯에 과거에 급제한 이완용은 1886년 홍문관 시교로 벼슬살이를 시작했다. 곧이어 규장각 수찬에 오르는 등 승승장구한 이완용은 어느덧 세상을 볼 줄 아는 촉망 받는 관료로 성장했다.

이완용은 성리학으로는 변화하는 세상을 따라갈 수 없다고 보았다. 신학문을 배워야겠다고 생각해 같은 해 관료와 젊은 인재를 뽑아 근대 교육을 시키는 '육영 공원'에 들어갔다. 외국인 교사들이 주로 영어로 가르쳤는데, 이완용은 영어, 역사, 국제법, 경제학 등을 공부했다. 성적도 뛰어났다. 개화에 필요한 인재로 고종의 사랑을 받았고, 이완용의 충정도 깊어졌다. 육영 공원 입학과 고종의 신임은 이완용에게 새로운 기회를 열어 주었다.

왕 중심으로 조선을 변화시키려고 고민하다

1888년 말, 주미 대리 공사가 되어 미국으로 갔다. 이완용은 미국의 민주 공화제, 신분 차별 없는 평등한 사회 모습을 보고 충격을 받았다. 하지만 충성스런 관료인 이완용은 왕 중심으로 조선을 새롭게 바꿀 수 있는 방법을 고민했다. 2년 동안의 미국 생활은 이완용

1886년에 세운 우리나라 최초의 근대식 관립 교육 기관인 육영 공원의 수업 광경이다.

을 '영어통', '친미파'로 만들었다. 1890년 귀국한 이완용은 권력 실세인 내부 참의, 이조 참판에 올랐다. 그러나 권력을 쥔 민씨 척족에게 꼬투리를 잡힐까 봐 곧바로 물러났다. 그리고는 고종 가까이 머무를 수 있는 승정원, 시강원 등에서 일했다.

1895년 '청일 전쟁'에서 승리한 일본의 영향력이 갈수록 커졌다. 정부는 러시아를 끌어들여 일본을 누르려고 했다. 친러 내각이 들어섰고, 이완용은 학부대신에 올라 친러파가 되었다. 위기를 느낀 일본은 급기야 '을미사변'을 일으켰다. 고종이 죽음의 공포에 떨자, 이완용은 고종을 러시아 공사관으로 옮기는 '아관 파천'을 단행했다. 러시아의 이권 침탈이 심해지자, 나라의 주권과 백성의 권리를 세우자는 기운이 높아 갔다.

1897년 서재필이 중심이 되어 '독립 협회'를 만들었다. 창립 총회 위원장이 된 이완용은 '우리나라의 미래'라는 제목으로 연설했다. "조선이 독립하면 미국처럼 부강한 나라가 될 것이며, 백성이 단결하지 못하면 유럽의 폴란드처럼 남의 종이 될 것이다. 미국처럼 될 것이냐, 폴란드처럼 될 것이냐는 조선 사람 하기에 달려 있다. 조선 사람은 미국같이 되기를 바란다…."

왕을 중심으로 조선을 새롭게 바꿔야 한다고 생각한 이완용이 의회 설립을 주장하는 서재필, 윤치호 등이 이끄는 독립 협회에 참여한 건 무엇 때문일까? '교육'과 '계몽'을 통해 조선을 바꾸어야 한다는 큰 뜻이 같았기 때문이다. 결국 이완용은 독립 협회를 그만두었는데, 내쫓긴 거나 다름없었다. 이듬해 중앙 정계를 떠나 전북 관찰사로 내려갔다.

본격적인 친일의 길로 나서다

1901년 이호준의 상을 당한 이완용은 3년 동안 정치를 떠났다. 그 사이 러시아에 주도권을 빼앗긴 일본은 1904년 '러일 전쟁'을 일으켰다. 전쟁은 일본의 압승으로 끝났다. 이완용은 궁내부 특진관이 되어 조정으로 돌아왔다. 이듬해 9월에는 학부대신에 올라, 고종의 신임을 지렛대 삼아 입지를 다질 수 있는 기회를 다시 잡았다. 이완용은 청나라에 이어 러시아까지 이긴 일본이 한국을 그냥 둘 리 없다고 생각했다.

그해 11월 10일, 이토 히로부미가 '을사늑약'을 들고 한국에 왔다. 두 나라 사이에 중대한 변화가 있으리라고 본 이완용은 고종을 만나 "품고 있는 생각이 있으면, 모두 말해야 한다. 대신 8명이 조약을 막는 건 쉽지 않다."며 속내를 떠보았다. 이완용은 현실적으로 고종이 목숨을 내놓지 않는 한 조약 체결을 피할 방법이 없고, 끝까지 거부하지 못하리라 여겼다.

1905년 11월 17일, 일본군이 궁궐을 둘러싼 가운데 회의가 열렸다. 참정대신 한규설이 항의하자 일본군이 강제로 끌어냈다. 이완용은 찬성에 표시했다. 외부대신 박제순, 내부대신 이지용, 군부대신 이근택, 농상공부대신 권중현도 찬성하자 이토 히로부미는 승지가 갖고 있던 국새를 빼앗아 조약 문서에 도장을 찍었다. 한국의 외교권은 일본으로 넘어갔고, 통감부가 설치되었다.

왼쪽부터
내부대신 이지용,
군부대신 이근택,
외부대신 박제순,
농상공부대신 권중현이다.
이완용까지 합해
'을사오적'이라 한다.

나라를 일본에 넘기다

이완용은 학부대신 겸 외부대신 임시 서리를 맡았다. 1907년에는 총리대신에 올라 내각의 우두머리가 되었다. 그해 5월, 이토 히로부미가 대신들을 모아 놓고 "한국이 살아남는 길은 성실히 일본과 함께하는 것."이라고 했다. 이완용은 "독립할 실력이 없이 독립을 바라는 건 불가능하기 때문에 일본과 함께해야 한다."고 답했다.

그해 고종은 헤이그에서 열리는 '만국 평화 회의'에 특사를 보내 한국의 독립을 호소하기로 했다. 그러나 일본의 방해로 실패했다. 이 사건을 빌미로 일본은 고종을 폐위하라고 협박했다. 이완용은 '양위'만이 유일한 방법이라고 주장했다. 결국 고종은 순종에게 황위를 넘겼다. 일본의 발걸음이 빨라졌다. 1909년 7월, 한국 병합 방침을 정했다. 이듬해 8월 4일, 이완용은 이인직을 일본에 보내 병합에 대해 협상할 뜻이 있다고 전했다.

1910년 8월 16일, 이완용은 안중근한테 암살당한 이토 히로부미의 후임으로 온 소네 통감을 찾아갔다. "한국은 스스로 쇄신할 힘이 없어서 타국에 의지하지 않으면 안 된다. 그 나라가 일본이라는 사실은 세계 각국이 인정하는 바."라며 한일 병합이 대세라고 했다. 그리고 8월 22일, '전권 위임장'을 들고 '한일 병합 조약'에 도장을 찍었다.

이완용은 나라를 넘긴 대가로 백작 작위와 은사금 15만 원을 받았다. 1912년에는 조선 총독부 자문 기관인 중추원 부의장이 되었고, 1920년에는 3·1 운동을 진압한 공로로 유일하게 후작에 올랐다. 나라와 민족을 팔아 온갖 부귀영화를 누리던 이완용은 1926년 세상을 떴다. 한때 재능과 식견을 갖춘 인재이던 이완용은 친미파-친러파-친일파로 변신을 거듭했고, 끝내 '매국노'의 상징이 되어 역사에 씻을 수 없는 오명을 남겼다.

1914년 이완용의 모습으로 일제가 준 훈장을 줄줄이 달고 있다.

1909년 12월, 명동 성당 앞에서 이완용을 피습해 큰 부상을 입힌 이재명 의사이다. 현장에서 잡혀, 이듬해 9월 사형당했다.

이완용을 비롯해 귀족이 된 이들은 병합이 한국을 일본처럼 발전시키는 것이라는 걸 홍보하려고, '조선 귀족 관광단'을 만들어 일본을 견학했다. 1910년 11월 13일, 도쿄를 방문한 조선 귀족 부부 관광단의 모습이다.

나를 아는 데 필요한 정보 ❼

❶ 나 신돌석은 1878년 11월 3일 경북 영덕에서 태어나 1908년 12월 12일 영덕에서 부하에게 암살당했다.
❷ 어릴 때부터 체격이 장대하고 기운이 셌다. 그뿐인가. 시를 남길 정도로 공부도 꽤 했다.
❸ 어찌나 날쌘지 축지법을 쓴다는 소문까지 돌았다. 소문은 소문일 뿐. 홍길동도 아닌데 어떻게 축지법을 쓰겠나.
❹ 1895년 일본이 국모를 시해하고 단발령을 내리자, 의병에 들어가 싸웠다.
❺ '을사늑약'이 체결되자 의병을 일으켜 의병장이 되었다. 아버지는 아낌없이 지원해 주었다.
❻ 태백산맥 곳곳에 근거지를 두고, 동해안을 오르내리며 일본군을 괴롭혔다.
❼ 1907년 12월 경기도 양주에서 조직된 전국 의병 연합 부대인 '13도 창의군'에 참가했으나, 평민 의병장이라는 이유로 왕따당했다.

나 잡아 봐라! 용용 죽겠지!

엉엉ㅠㅠ.

신돌석

'태백산 호랑이'라 불러 다오

안녕! '태백산 호랑이' 신돌석이야. 자랑부터 할까? 난 어릴 때부터 목소리도 웅장하고 힘이 장사였어. 도망가는 개의 꼬리를 잡아 죽인 일도 있다니까. 물론 처음부터 죽이려고 한 게 아니라, 힘이 워낙 세다 보니, 그리 된 거야ㅠㅠ. 아버지는 내가 사고라도 칠까 봐 학문에 힘쓰라고 했어. 그런데 나라의 운명이 바람 앞의 등불이라, 이 한 몸 바쳐 나라를 구해야겠다고 결심했지. 1906년 4월, 마을 주막 앞에서 의병을 일으켰어. 돈 많은 이들에게 군자금을 구해 무기를 사고, 사람을 모아 훈련시켜 일본군 주둔지와 관아를 공격했지. 일본군은 토벌대를 보내고, 현상금을 걸고, 밀정까지 붙여 나를 잡으려고 눈에 불을 켰어. 내가 누구야. 날쌘 태백산 호랑이잖아? 요리조리 일본군을 피해 다니며 2년 반 넘게 일본군과 싸웠어. 하지만 끊임없이 공격해 오는 통에 더는 의병 활동이 힘들더라고. 난 만주로 가 일본에 맞서 싸우기로 했어. 그런데 원통하게도 그만 부하에게 죽임을 당했네ㅠㅠ.

경북 영덕군 축산면 도곡리에 있는 신돌석의 생가이다. 신돌석의 아버지 신석주가 1850년경에 지었다고 한다. 우리 민족의 독립 의지를 꺾으려고 1940년 일제가 불을 질러 일부가 무너졌다. 1942년 마룻대를 새로 세우고 기와를 얹었다가 1995년 원래 형태인 초가로 복원했다. 생가 근처에는 신돌석을 기리는 사당과 일대기를 그린 그림, 장도, 화승총, 창검류, 처결 문서 등 유물을 전시한 기념관이 있다.

의병 활동에 첫발을 내딛다

신돌석은 어려서부터 크고 기운이 셌다. 신돌석을 잡으려고 혈안이 된 일본군조차 신돌석을 두고 힘이 좋았다고 했으며, 심지어는 축지법을 썼다고 했다. 아버지 신석주는 신돌석이 딴전을 필까 봐 비록 평민이지만, 동네 서당에 보냈다. 꽤나 명민하던 신돌석은 시를 지을 만큼 공부를 했고, 스승은 예사로운 인물이 아니라고 칭찬했다.

1895년 일본이 왕비를 시해하는 만행을 저지르고 단발령을 내리자, 전국에서 의병이 들불처럼 일어났다. 열여덟의 신돌석은 김하락이 이끄는 영덕 의병에 들어갔다. 영덕 의병은 '남천쑤 전투'에서 영해 의병과 힘을 합쳐 수많은 일본군을 무찔렀다. 그러나 김하락이 죽자, 얼마 뒤 흩어졌다. 신돌석도 추적을 피해 영덕을 떠나 전국을 떠돌았다.

신돌석은 일본군이 눈에 띄면 잡아 죽이며 울분을 풀었다. 또 손병희, 박상진, 이강년 등을 만나 세상 돌아가는 이야기를 나누었다. '대한 광복회'를 이끌던 박상진과는 의형제도 맺었다. 신돌석은 무엇을 할지 고민했고, 이 시간들은 뒷날 의병을 이끄는 밑거름이 되었다.

경북 청도 지방을 지나다가 전신주를 설치하던 일본 공병들과 마주치자, 전신주를 뽑아 일본 공병들을 쫓아냈다.

부산항에서 일본 배를 수리하는 일본인을 몰아내고 배를 전복시켰다.

울산에서는 집주인이 일본 병참소에 신돌석을 신고하여 일본군이 집 주위에 잠복하자, 달아나면서 담장을 무너뜨려 일본군을 몰살시켰다. 그리고 축지법으로 도망갔다는 일화를 남겼다.

구국의 횃불을 들다

누각에 오른 나그네 문득 갈 길을 잊고서,
낙목이 가로누운 단군의 터전을 한탄하노라.
남아 27세에 무슨 일을 성취하랴.
잠시 추풍에 비껴 앉아 감회를 느끼네.

1904년 일본이 우리 땅을 점령하다시피하고, 러시아와 전쟁을 치르던 때였다. 스물일곱 살이 된 신돌석은 나라 꼴을 한탄하며 할 일을 찾아 나섰다. 1905년 '을사늑약'이 체결되자, 전국에서 다시 의병이 일어났다. 1906년 새해 벽두부터 이웃 영양에서 의병이 진압되었다는 슬픈 소식이 들려왔다. 신돌석은 영해에서 의병을 일으키기로 마음먹었다.

신돌석은 철저하게 비밀을 지키면서 의병을 모으는 데 필요한 준비를 해 나갔다. 사람을 끌어모으고, 무기를 준비하고, 식량도 마련했다. 또 의병을 어느 정도로 꾸려야 효과적으로 싸울 수 있을지 궁리했다. 신돌석은 혼자 힘으로 이 모든 걸 해 나갔다. 전국을 떠돌아다닐 때 박상진을 비롯한 많은 동지들을 만나 이야기를 나누면서, 신돌석은 어느덧 정세를 파악하고, 나아갈 방향을 가늠하고, 전략과 전술을 짤 수 있는 지도자로 거듭나 있었다.

마침내 1906년 4월 6일, 신돌석은 집에서 100여 미터 떨어진 주막 앞에서 의병을 일으켰다. 양반 의병장들은 으레 서원이나 향교에서 의병을 일으켰다. 그런데 동네 주막이라니, 평민 의병장 신돌석이 이끈 의병의 성격을 상징적으로 보여 주는 장소로, 주막은 안성맞춤이었다.

기록에는 약 300여 명 정도 모였다고 한다. 신돌석은 부대 이름을 '영릉'이라 짓고, 스스로 '영릉 의병장'이 되었다. 부대는 주막에서 멀지 않은 상원 마을 앞 개천가 숲에서 훈련을 시작했다. 또 남쪽 맞은편에 가파르게 솟아 있는 고래산 중턱에서 본격적인 군사 훈련을 했다. 지척에서 신돌석이 의병을 일으켰다는 소식에 영해 군수는 자지러질 듯 놀랐다.

태백산 호랑이, 동에 번쩍, 서에 번쩍!

1906년 4월 25일, 신돌석은 군사를 이끌고 울진으로 향했다. 움직이는 길을 따라 사람과 식량, 무기를 모았다. 살림이 넉넉한 집, 양반을 찾아다니며 필요한 돈을 마련했다. 하지만 이튿날, 관군이 기습하는 바람에 저항도 못해 보고 물러났다. 나름대로 철저하게 준비하고 나선 첫길부터 좌절을 맛보았다. 신돌석은 준비를 더 단단히 하기로 했다. 5월 초, 군자금을 모으고 관아를 공격하여 무기를 빼앗았다. 부대는 다시 북진해 삼척 남쪽 일본군이 주둔한 장호관을 기습해 일본인 집 40호를 불태웠다.

영남 지역에서 의병 항쟁이 치열해지자 통감부에서는 대한 제국 정부에 진압을 요구했다. 고종은 의병 활동을 멈추라는 조서를 발표했다. 그러나 의병장들은 고종의 조서가 진심에서 나온 게 아니라고 판단했다. 신돌석도 마찬가지였다. 의병 활동이 계속되자, 1906년 6월 9일, 통감부는 직접 의병 활동을 중지하라는 명을 내리고 진위대를 파견했다. 울진과 영해, 영덕 지역으로 대규모 토벌대가 몰려들었다. 의병들은 치열하게 맞서 싸웠다. 더위와 장마 속에서 태백산맥 허리를 넘나들며 쫓고 쫓기는 전투가 벌어졌다.

신돌석 부대는 토벌대의 공격에도 아랑곳하지 않고 관아를 점령하여 무기를 빼앗고, 곡식과 옷감도 얻었다. 난감해진 정부는 울진 군수에게 책임을 물어 파직했다. 신돌석 부대는 계속해서 영해, 영덕 읍성을 공격하고, 방을 붙여 백성들의 지지를 호소했다. 추운 겨울을 넘긴 신돌석은 1907년 4월, 다시 자금과 물자를 모으고 의병을 모집했다. 그리고 5월부터 영해, 평해, 영양, 진보 등지를 휩쓸고 다녔다. 지형을 이용해 일본군을 공격하고,

지형을 이용해 교묘히 빠져나가며 활동 지역을 넓혀 나갔다. 놀란 일본군은 신돌석 부대를 토벌하려고 울진 부근에 주둔하며 정보를 모으는 데 열을 올렸다. 그 무렵, 신돌석은 평해와 영양 사이 태백산맥 속에 들어가 활동했다.

부하의 손에 스러지다

1908년 1월~2월, 일본군은 신돌석 부대를 잡으려고 일월산, 백암산, 검마산 등을 이 잡듯이 뒤졌다. 또 신돌석을 생포하려고 밀정, 일본 순사, 한국 순사, 그리고 통역까지 동원하여 정보를 모았다. 그러나 신돌석 부대는 곳곳에서 나타나 군사를 모으고, 군자금을 거두었다. 그러고는 치고 빠지는 유격 작전으로 일본군을 따돌리고 유유히 사라졌다.

1908년 3월, 신돌석 부대는 다시 공격을 시작했다. 일본군은 수비대를 늘리고, 의병들이 귀순하면 죄를 면해 준다는 조치를 발표했다. 투항하는 의병들이 늘었고, 갈수록 의병들의 기세가 꺾였다. 신돌석 부대도 한 달 사이에 50여 명이 투항했다. 신돌석은 앞날을 고민하기 시작했다. 1908년 10월, 의병을 해산한 신돌석은 만주로 가기로 결심했다.

그러나 신돌석의 목에는 일본이 내건 1000근의 금과 1만 호의 고을을 준다는 엄청난 현상금이 걸려 있었다. 만주로 떠날 준비를 하던 신돌석은 1908년 12월 12일, 끝내 현상금을 노린 부하에게 살해되고 말았다. 옹기를 지고 길을 가던 한 노인은 소식을 듣고 "우리들이 구차하게 산 건 신 장군이 일본군을 소탕하리라 기대한 때문인데, 모든 것이 끝이로구나." 하며 통곡했다. 그만큼 백성들이 신돌석에게 건 희망과 기대가 컸던 것이다.

나를 아는 데 필요한 정보 ❼

① 나 이회영은 1867년 4월 21일 서울 저동에서 태어나 1932년 11월 17일 중국 다롄의 뤼순 감옥에서 순국했다.
② 우리 집안은 신라-고려-조선 시대까지 이름을 떨친 명문가로, '삼한갑족'이라 불렸다.
③ 일찍이 개화 사상에 눈떠 집안의 노비를 해방시키고, 여동생을 재혼시켰다.
④ 일제에 강제로 나라를 빼앗기자, 독립운동을 하려고 집안의 재산을 모두 팔아 만주로 갔다.
오늘날로 치면 얼추 따져도 600억 원이 넘는다.
⑤ 독립운동 단체인 '경학사'를 조직하고, 무장 투쟁을 위해 '신흥 무관 학교'를 세워 수많은 독립군을 길러 냈다.
⑥ 상하이에 '대한민국 임시 정부'가 들어섰으나 내가 생각하는 방향과는 맞지 않았다. 난 새로운 독립운동 방법으로
'무정부주의'를 받아들였다.
⑦ 이상재는 날 두고 '백세청풍'이라고 했다. "백세에 걸쳐 부는 맑은 바람."이라는 뜻으로 오랜 세월 후세인의
모범이 될 만한 훌륭한 사람을 일컬을 때 쓰는 말이다.

이회영

재산도 몸도 넋도 조국에 바치다

"우리 형제는 나라와 더불어 안락과 근심을 같이할 위치에 있다. 나라의 운명이 풍전등화 같은데 비굴하게 일신의 안위만 생각한다면 어찌 짐승과 다르겠는가?" 난 해외로 가서 독립운동을 하자고 형제들을 설득했어. 우리 여섯 형제는 가산을 모두 정리해 1910년 12월 서울을 떠났지. 옛 노비들까지 합쳐 40여 명이 넘는 대식구가 이고 지고 압록강을 건너 만주로 갔어. 독립운동을 하고, 일제에 맞서 싸울 독립군을 기르는 데 가져간 돈을 모두 쏟아부었지. 가족들은 굶기를 밥 먹듯 했어ㅠㅠ. 내 아들이 쓴 자서전을 보니, "나의 부친은 참으로 불쌍한 분이다."라고 했네? 여러분도 내가 불쌍해? 난 늘 인간으로 태어나서 자신이 바라는 목적을 위해 죽는다면 그보다 더 행복한 일은 없다고 생각했어. 언제 어디서나 나라와 민족을 위해 모든 걸 바치는 게 내 삶의 목적이었고, 난 그렇게 살다 갔지. 일제에 붙어 갖은 영화를 누린 이들과 목적대로, 바람대로 살다 간 나. 여러분은 누가 더 불쌍해?

"내 나이 이미 예순여섯. 그런데 이대로 앉아 죽기만 기다린다면, 청년 동지들에게 부담을 주는 방해물이 될 뿐이오. 이는 내가 가장 부끄러워하는 바요, 동지들에게 면목이 없는 일이오." 1932년 침체된 무장 독립 투쟁을 다시 일으키려고 상하이에서 만주로 떠나기 전 이회영이 한 말이다. 하지만 다롄에 도착했을 때 이회영을 기다린 건 '체포'와 '죽음'이었다. 이회영이 일본 경찰에 체포될 때 입고 있던 옷과 모자, 신발이다.

삼한갑족의 후손에서 우국지사로

이회영은 고종 때 이조 판서와 의정부 좌찬성을 지낸 이유승의 넷째 아들로 태어났다. 어머니 또한 이조 판서를 지낸 정조순의 딸이었다. 선조 대 영의정을 지낸 이항복이 10대 조이며, 9대조를 빼고는 이유승까지 모두 정승 판서를 지냈다. 뿐만 아니라 신라-고려-조선에서 대대로 문무 관료를 내어 '삼한갑족'이라 불릴 만큼 손꼽히는 명문가였다.

이회영은 강직하고 호탕하고 개방적이었다. 또 옳다고 생각한 건 끝까지 밀고 나갔다. 스무 살 무렵, 개화 사상을 받아들였다. 노비 제도가 악습이라 여긴 이회영은 집안 노비는 물론 남의 집 노비에게도 높임말을 썼으며, 아버지가 죽자 집안의 노비를 모두 해방시켰다. 또 여동생이 남편을 잃자, "이 판서 집 딸이 죽었다."고 거짓 부고를 낸 뒤 재혼시켰다. 당시 명문 양반가에서는 상상조차 할 수 없는 일들이었다.

1896년 이회영은 의병 활동을 도우려고 경기도 풍덕 지방에 '삼포 농장'이라는 인삼밭을 꾸렸다. 1898년에는 이상재, 이상설 등과 교류하며 계몽 운동에 힘썼다. 그러던 1901년 거두려던 인삼을 일본인들이 모두 훔쳐 갔다. 이회영은 일본 법을 공부한 변호사를 써서 재판에서 이겼다. 하지만 보상금은 턱없이 모자랐다. 이를 안 고종이 "과연 이항복의 후손."이라며 탁지부 주사 벼슬을 내렸으나 받지 않았다. 지위나 명예에 욕심이 없던 이회영은 오직 나라를 위해 무엇을 할지 고민하고 궁리했다.

1888년 미국 감리교 목사이자 의사인 스크랜튼이 서울 남대문로에 세운 상동 병원에서 선교 활동으로 시작했다. 1893년 같은 자리에 상동 교회가 들어섰고, 독립운동의 요람 역할을 했다. 1901년 서울 중구 남창동 1번지에 새로 지은 상동 교회의 모습이다.

구국의 길로 나서다

1905년 이회영의 집에 이상설, 이동녕 등이 모였다. "러일 전쟁에서 이긴 일본이 우리나라에 치명적인 조약을 맺자고 할 게 분명하오. 막을 방법을 찾아야 하오." 이상설의 말에 이회영이 말했다. "동생 시영이 외부 교섭 국장으로 있으니 외부대신 박제순을 만날 것이고, 또 민영환이 시종 무관장으로 있으니 이토 히로부미가 어전에서 조약서를 내밀면 막도록 합시다. 그리고 부재(이상설)는 의정부 참찬이니, 영의정 한규설을 만나 조약문을 내밀면 찢으라고 하면 어떻겠소?" 그러나 끝내 모두 물거품이 되었다.

이회영과 이상설은 '을사늑약'으로 빼앗긴 주권을 되찾으려면 다른 길을 찾아야 한다고 보았다. 1906년 이상설, 이동녕 등이 동포들에게 독립 의식을 심어 주려고 '서전서숙'을 세웠다. 그러나 자금난과 일제의 간섭으로 이듬해 문을 닫고 말았다. 그해 4월, 이회영은 안창호, 이동녕, 양기탁 등과 일제의 눈을 피해 '신민회'를 조직했다. 신민회는 학교를 세우고, 잡지 등을 펴내고, 강연회를 열어 애국 계몽 운동에 힘썼다. 이회영도 '상동 학원' 학감이 되어 교육 운동에 온 힘을 기울였다.

같은 해 이회영은 고종에게 몰래 사람을 보내 헤이그 '만국 평화 회의'에 특사를 파견해 독립을 호소하자고 했다. 이회영은 고종의 신임장을 간도에 있는 이상설에게 보냈다. 그러나 이마저 실패하고 말았다. 1909년 신민회는 해외에 독립운동 기지를 세우기로 했다.

독립운동을 위해 망명길에 오르다

1910년 8월, 일제에 나라를 빼앗겼다. "일본 놈의 노예가 되어 호의호식하느니 나라를 되찾는 데 가문의 모든 것을 바치자." 이회영은 형제들을 설득했다. 이회영을 비롯해 첫째 이건영(1853~1940), 둘째 이석영(1855 ~1934), 셋째 이철영(1863~1925), 다섯째 이시영(1869~1953), 여섯째 이호영(1875~1933) 여섯 형제는 온 가족을 데리고 만주로 가기로 결정했다. 목적지는 이회영이 직접 돌아보고 결정한 서간도 류허현 삼원보였다.

형제는 땅과 집, 조상 제사 비용을 마련하는 땅까지 모두 처분했다. 급하게 팔다 보니 제 값을 받지 못했다. 그런데도 형제가 마련한 돈은 40만 원이나 되었다. 오늘날로 치면 600억 원이 넘는 어마어마한 돈이었다. 그해 12월, 마침내 망명길에 올랐다. 옛 주인이 큰일을 하는데 함께하고 싶다며 따라나선 노비까지 40여 명이나 되었다.

신의주에 도착한 일행은 일본 국경 수비대의 눈을 따돌리려고, 감시가 소홀한 새벽에 압록강을 건넜다. 고국을 등지고 북으로 향하는 망명객의 살갗을 만주의 혹독한 칼바람이 파고들었다. 앞날에 무엇이 기다리고 있을지, 그 누구도 알지 못했다. 일행은 2월 초순, 류허현 삼원보에 도착했다. 이회영 일가가 독립운동 기지를 세우려고 망명했다는 소식이 알려지자, 많은 독립운동가들이 삼원보로 모여들었다.

독립군을 기르다

이회영 일가를 비롯해 삼원보에 모인 이동녕, 이상룡 등은 '경학사'를 세웠다. 말 그대로 "밭을 갈며 공부한다."는 뜻으로 생계를 꾸려 가며 애국 계몽 운동을 통해 인재를 기르는 곳이었다. 부설 기관으로 일본군에 맞서 싸울 독립군을 길러 내려고 '신흥 강습소'도 두었다.

그런데 계속 한인들이 모여들어 삼원보가 한인촌처럼 변하자, 중국인들이 땅을 사고파는 것은 물론, 모든 협조를 거부했다. 이회영은 아버지 이유승과 친교가 있던 중국 총리대신 위안스카이를 만나러 베이징으로 갔다. 누가 봐도 무모한 일이었다. 이회영은 왜 조국을 떠나 머나먼 곳까지 왔는지 설명하고, 도와 달라고 간곡히 부탁했다. 결국 위안스카이의 도움으로 중국인들과의 갈등도 해결하고, 토지도 사들일 수 있었다.

그러나 1912년 흉년이 크게 들고 풍토병이 겹쳐 경학사의 운영이 어려워졌다. 이회영은 퉁허현 합니하로 옮겼다. 같은 해 6월, 신흥 강습소 새 교사가 완공되었고, 이듬해 '신흥 중학교', 1919년에 류허현 고산자로 옮겨 '신흥 무관 학교'로 이름을 바꾸었다. 신흥 무관 학교에서는 군사 교육뿐만 아니라 국어, 국사, 지리, 물리, 화학 등도 가르쳤는데, 교칙이 매우 엄격했다. 약 2천여 명의 독립군 간부가 신흥 무관 학교를 졸업해 항일 무장 투쟁에 나섰다. 이들이 없었다면 '청산리 대첩'은 어쩌면 불가능했을지도 모른다. 하지만 갈수록 형편이 어려워져 1920년, 끝내 문을 닫고 말았다.

신흥 무관 학교 교가
서북으로 흑룡대원 남의 영절에 여러 만대 헌원 자손 업어 기르고,
동해 섬 중 어린것들 품에다 품어 젖 먹여 준 이가 뉘뇨.
우리우리 배달 나라의 우리우리 조상들이라,
그네 가슴 끓는 피가 우리 핏줄에 좔좔좔좔 걸치며 돈다.

신흥 무관 학교 학생들이 백서 농장에서 농사짓는 모습이다.

베이징에서 상하이로, 다시 베이징으로

이회영은 신흥 무관 학교의 발전을 지켜보지 못하고 1913년 합니하를 떠나야 했다. 이회영, 이동녕 등을 체포, 또는 암살하려고 일제가 형사대를 보냈다는 연락을 받은데다 독립운동 자금이 바닥났기 때문이다. 대부분 이상설이 있는 블라디보스토크로 몸을 피했으나, 혼자 몰래 귀국했다. 이회영은 비밀리에 각지의 인사들, 해외 동포들을 만나 독립운동 자금을 부탁하고, 고종의 망명에 대해 의견을 나누었다.

고종의 망명이 성공해 정부를 세워 일제에 선전 포고를 한다면? 전 국민이 들고일어나리라 확신했다. 1918년 이회영은 시종 이교영을 통해 고종의 뜻을 물었다. 고종은 선뜻 승낙했다. 민영달이 5만 원의 거금을 내놓아 베이징에 고종이 머물 곳을 마련하게 했다. 그러나 이듬해 1월, 고종이 갑자기 승하하는 바람에 모든 게 물거품이 되고 말았다. 이회영은 슬픔에 빠진 조국을 뒤로 하고 베이징으로 갔다. 나라 안에서는 3·1 운동이 불타올랐고, 4월에는 상하이에 '대한민국 임시 정부'가 들어섰다. 이회영도 상하이로 갔다.

이회영은 임시 정부 수립에 반대했다. 정부라는 행정 조직보다는 독립운동을 한데 묶는 본부가 필요하다고 주장했다. 본부가 전체 독립운동을 이끌되 각 단체들이 자유롭게 연합하고 협력하는 형태가 바람직하다고 본 것이다. 초기 임시 의정원에 참여한 것도 자신의 뜻을 주장하기 위해서였다. 임시 정부는 외교를 통해 독립을 이루자는 이승만 파와 무장 투쟁을 주장하는 파로 갈렸다. 이회영은 결국 5월, 베이징으로 돌아갔다.

무정부주의자로 최후를 맞다

이회영은 새로운 독립운동 방향을 찾았다. 무장 투쟁으로 독립을 이루어야 한다는 믿음에는 흔들림이 없었다. 그러다 1922년부터 의열단원이자 무정부주의자인 유자명, 이을규 등과 교류하며 무정부주의를 접했다. 이미 독립운동 단체의 자유로운 연합과 협력을 주장한 이회영이 인간을 억압하는 모든 정치 권력과 정부를 부정하고 개인의 자유를 추구하는 무정부주의를 받아들인 건 어찌 보면 자연스러운 일이었다.

이회영은 1924년 4월, 유자명 등과 '재중국 조선 무정부주의자 연맹'을 만들었다. 《정의공보》를 펴내 무정부주의를 널리 알리고 공산주의 독재에 맞서고, 실력 양성론을 비판했다. 그러나 자금난으로 뿔뿔이 흩어져야 했다. 이회영도 톈진으로 옮겼으나 "일주일에 세 번 밥을 먹으면 운수가 대통했다."고 할 만큼 가난에 허덕였다. 1930년 10월 말경, 이회영은 결국 상하이로 갔다. 그해 11월, 한, 중, 일의 무정부주의자들이 모여 '항일 구국 연맹'을 결성하고, '흑색 공포단'이라는 행동대를 두었다. 지휘는 이회영이 맡았다.

흑색 공포단은 일본 영사관에 폭탄을 던지고, 군수 물자를 실은 일본 배를 공격해 일제의 간담을 서늘케 했다. 그러나 갈수록 상하이에서 활동하는 게 어려워졌다. 1932년 11월, 이회영은 새로운 활동 무대를 찾아 예순여섯의 노구를 이끌고 만주로 향했다. 그러나 다롄에 도착했을 때 이회영을 기다린 건 '체포'와 '죽음'이었다. 다롄 수상 경찰서로 끌려간 이회영은 모진 고문을 당했고, 끝내 뤼순 감옥에서 순국했다. 한국인들은 "독립운동의 별 하나를 잃었다."고 땅을 치며 목 놓아 통곡했다.

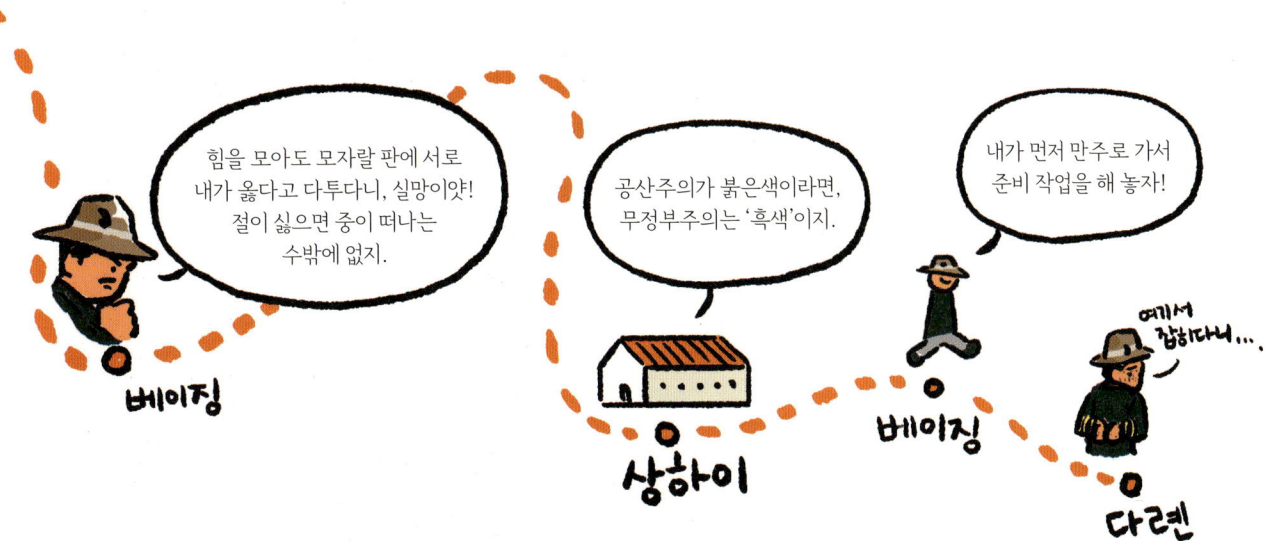

 **나를 아는 데 필요한 정보 ⑦**

① 나 안창호는 1878년 11월 9일 평남 강서에서 태어나 1938년 3월 10일 서울에서 죽었다.
② '청일 전쟁'으로 폐허가 된 평양을 보고 나라가 힘이 없다는 걸 깨달았다. 힘을 기르려고 밀러 학당(구세 학당)에 들어가 신학문을 배우고, 기독교를 믿었다.
③ '독립 협회'에 참여하고, 관서 지부를 만들어 청년 웅변가로 이름을 날렸다. 고백컨대 글솜씨는 없어서 이광수가 내 말을 글로 옮겨 주곤 했다.
④ 더 많이 공부하려고 미국으로 유학을 떠났다. 그런데 교포들의 생활을 보고 교포의 단결과 계몽이 더 중요하다고 생각해 중간에 그만두었다.
⑤ 교육을 통해 실력을 기르는 길이 나라를 구하는 길이라고 여겨 '점진 학교', '대성 학교', '동명 학원' 등을 세웠다.
⑥ '무실, 충의, 용감, 역행.' 4대 정신으로 민족을 다시 일으키려고 '청년 학우회'와 '흥사단'을 만들었다.
⑦ '대한민국 임시 정부'의 내무부 총장, 국무총리 대리로 임시 정부를 이끌었다.

그대는 나라를 사랑하는가? 그러면 먼저 그대가 건전한 인격이 되라.

안창호

청년이 죽으면 민족이 죽는다

"대한의 남아들아! 너희가 만일 국가를 쇠망케 하는 악습을 고치지 않는다면, 오늘은 너희 등에 붉은 비단옷을 걸치고 다니지만, 내일은 등에 채찍이 내릴 것이다! …." 이토 히로부미가 나를 자기네 편으로 만들려고 서울에서 연설할 기회를 주었을 때 내가 한 연설 내용이야. 보기 좋게 한 방 먹인 거지. 난 곳곳을 다니며 연설할 때마다 청년들에게 나라를 구하려면 실력을 길러야 한다고 힘주어 말했어. 나부터 실력을 더 기르려고 스물두 살 때 뱃삯만 달랑 들고 미국으로 갔어. '대한인 국민회'를 만들어 교포들을 묶어 독립을 위한 발판을 마련하고, '흥사단'을 조직해 청년들을 교육하며 함께 배워 나갔어. 이토 히로부미가 같이 일하자고 몇 번이나 꼬드겼지만, 딱 잘라 거절했지. 일제에 붙잡혔을 때도 "내 직업은 독립운동."이라고 했어. 평생 '독립'이라는 한길만 보고 살아왔기 때문이야. 나라가 없는데, 민족이 억압받는데, 나 혼자만 영광을 누릴 수는 없잖아. 안 그래?

중일 전쟁을 준비하던 일제는 국내의 모든 독립운동 단체를 불법으로 몰아 우리 민족의 손발을 꽁꽁 묶었다. 흥사단 계열의 '수양 동우회'는 겉으로는 청년들의 수양을 내건 합법적 단체였다. 그러나 일제는 거듭 해산하라고 요구했고, 해산을 거부하자 1937년 6월부터 180여 명을 잡아들였다. 이른바 '수양 동우회 사건'이다. 안창호도 붙잡혀 서대문 형무소에 갇혔다. 당시 일제가 만든 안창호 수형 기록표이다. 아래를 보면 소화 12년(1937년) 11월 10일에 작성했다.

공부하자, 공부하자, 공부하자!

가난한 농부의 아들로 태어난 안창호는 아홉 살 때부터 집안을 도와 목동 일을 하면서 서당에서 한학을 공부했다. 열여섯 살이던 1894년, '청일 전쟁'이 일어났다. 우리 땅은 남의 나라 군대끼리 싸우는 전쟁터가 되어 곳곳이 쑥대밭이 되었다. 무참히 파괴된 평양 모습을 본 안창호는 큰 충격을 받았다. 집안의 반대를 무릅쓰고 서울로 올라갔다.

안창호는 '구세 학당'에서 3년 동안 신학문을 배우며 새로운 세계를 만났다. 졸업할 무렵에는 국제 정세를 볼 줄 아는 눈을 갖게 되었고, 나라가 위태롭다는 걸 뼈저리게 느꼈다. 또 독실한 기독교 신자가 되었다. 1896년 구세 학당을 졸업한 안창호는 조교로 일하며 여동생과 약혼녀를 서울로 데려와 '정신 여학교'에 보냈다. 그리고 '독립 협회'에 참여하여 명연설가로 이름을 날리며 백성을 일깨우는 데 힘을 쏟았다.

1898년 독립 협회가 강제로 해산되었다. 무엇보다 교육이 중요하다고 생각한 안창호는 고향으로 내려와 이듬해 '점진 학교'를 세워 젊은 남녀를 교육했다. 초등 과정과 중학 과정으로 나누어 신학문을 가르쳤는데, 처음에는 동네 사랑방에서 시작했다. 학생이 늘자 교사도 짓고, 먼 곳에서 오는 학생들을 위해 기숙사도 마련했다. 또 황무지를 개간하여 학생들에게 노동과 개척 정신을 심어 주었다. 스물을 갓 넘긴 젊은이가 만든 학교는 꽤 성공적이었다. 교회도 세워 한글을 가르치고, 낡은 풍습과 생활 환경을 바꾸는 데도 힘을 기울였다.

미국 유학을 떠나다

1897년 고종은 나라 이름을 '대한 제국'으로 바꾸었다. 그러나 달라진 건 아무것도 없었다. 강대국들은 서로 우리나라를 노리며 이권 다툼을 벌였다. 나라를 위해 일하려면 교육자로서, 기독교도로서 더 많이 배워야 한다고 생각한 안창호는 미국 유학을 가기로 마음먹었다. 고향의 학교를 동료들에게 맡긴 안창호는 1902년 9월 3일, 약혼녀 이혜련과 결혼식을 올리고 다음 날 인천항에서 배를 탔다. 구세 학당에서 영어를 배우기는 했으나 미국인과 대화하기에는 아직 서툰 편이었다. 게다가 돈도 간신히 마련한 뱃삯이 다였다.

도쿄에서 일주일을 머문 안창호는 다시 배에 올랐다. 얼마 뒤 태평양의 하와이섬에 이르렀다. 낯설고 물선 곳으로 떠나는 자신의 처지가 마치 망망대해에 홀로 떠 있는 하와이섬 같았다. 다시 한 번 마음을 다잡았다. 일본을 떠난 지 한 달 만에 샌프란시스코에 도착했다. 허드렛일을 하는 '하우스 보이'부터 시작했다. 스물넷, 대학을 졸업할 나이였지만 영어를 더 배우려고 공립 소학교에도 들어갔다. 그런데 지역 신문에 안창호의 이야기가 실려 나이가 알려지는 바람에 퇴학을 당했다.

소학교는 규정상 6세~18세까지만 다닐 수 있었다. 미국인 하숙집 주인은 "키가 작으니, 17세라고 나이를 속이면 되지 않겠냐."고 했다. 그러나 안창호는 양심을 속이면서까지 학교에 다니고 싶지 않다며 학교를 그만두었다. 소식을 전해 들은 교장은 안창호의 정직함을 높이 사 공부를 계속할 수 있게 해 주었다.

그래. 호를 섬 도에 뫼 산을 써서 '도산'이라 짓자. 저 섬처럼 홀로 당당하게 부딪혀 싸우며, 앞날을 헤쳐 나가리라!

교포들과 함께하다

얼마 뒤, 안창호는 길에서 한국인 둘이 서로 상투를 잡고 싸우는 걸 미국인들이 재밌어 하며 구경하는 걸 보았다. 안창호는 싸움을 말리고 왜 싸우는지 물었다. 인삼 장사를 하는 이들인데, 서로 판매 지역을 넘어 들어가 싸움이 났다고 했다. 당시 샌프란시스코에는 번듯한 가게를 갖고 장사하는 한국인은 없었다. 노동자, 떠돌이 인삼 장수, 유학생 등 생활이 불안정한 이들이 대부분이었다.

안창호는 교포들의 생활 모습부터 살폈다. 문패도 없고, 집은 더러웠다. 위생도 엉망에 심지어 냄새까지 나 이웃에 사는 서양인이 떠나는 일도 있었다. 안창호는 "남의 나라에서 업신여김을 당하지 않고, 서로 보호하면서 믿음 주는 문명인으로 대접받으려면 '모임'이 필요하다."고 생각했다. 청소부가 되어, 집집마다 돌며 청소 운동을 벌였다. 처음에는 의심하고 거절하던 이들도 시간이 지날수록 안창호를 믿고 환영했다.

몇 달이 지나자, 교포들의 생활이 달라지기 시작했다. 1년쯤 지나자 미국인들이 놀라워 했다. "당신네 나라에서 위대한 지도자가 왔소? 생활이 아주 달라졌소." 안창호를 만나 본 한 미국인이 감탄해 무료로 회관을 내주었다. 미국에 들어선 최초의 한국인 회관이었다. 1904년, 안창호는 '공립 협회'를 만들고, 이듬해에는 순한글로 《공립신보》를 펴내 독립 정신을 일깨웠다. 공립 협회는 뒷날 '대한인 국민회'로 발전했다.

귀국, 그리고 망명

안창호가 미국에 있던 5년 동안 '러일 전쟁'에서 승리한 일제는 1905년, 강제로 '을사늑약'을 맺어 우리의 주권을 빼앗았다. 의병 항쟁의 불길이 전국을 휩쓸고, 국민을 일깨워 나라의 힘을 기르자는 '애국 계몽 운동'이 활발히 펼쳐졌다. 안창호는 국내에서 독립운동을 하기로 결심하고, 1907년 초 귀국했다. 귀국 전 안창호는 일본의 감시와 탄압을 피하려면, 비밀 단체를 만들어 독립운동을 벌여야 한다고 생각했다. 민족 지도자들을 찾아다니며 자신의 생각을 전하고 뜻을 모았다.

신민회 강령
- 민족자존 의식과 독립 사상을 고취한다.
- 함께하는 투쟁 동지를 발굴, 총력 단결한다.
- 국민 개개인의 국민 운동 역량을 축적한다.
- 미래의 주인이 될 청소년 교육을 촉진한다.
- 각종 상공업을 발전시켜 국민 경제의 부흥을 도모한다.

그해 4월, 안창호를 비롯해 신채호, 이동녕, 이회영 등 민족주의자들이 모여 비밀 결사인 '신민회'를 결성했다. 목표는 나라의 주권을 되찾아 자주 독립의 새 나라를 세우는 것이었다. 그러려면 백성들이 힘을 길러 새롭게 거듭나야 한다고 보았다. 신민회는 1911년 강제로 해산당할 때까지 교육, 언론, 산업 등 여러 분야에서 백성들을 깨우쳤다. 또 해외에 독립운동 기지를 세워, 항일 무장 투쟁의 밑거름을 마련했다.

1908년 안창호는 애국 계몽 단체인 '서북 학회'를 조직했다. 독립운동 자금을 모으고 민족 자본을 키우려고 '평양 자기 회사'도 만들었다. 또 독립운동을 이끌 인재를 기르려고 평양에 '대성 학교'를 세워, 민족 정신을 앞세운 교육을 실시했다. 안창호는 늘 "나를 건전한 인격으로 만드는 게 우리 민족을 건전하게 하는 유일한 길."이라고 강조하며 본보기가 되려고 노력했다. 일제는 '청년 내각'을 꾸리자며 안창호를 회유했으나 단칼에 거절했다. 안창호는 1910년 4월, 〈거국가〉를 읊으며 중국으로 망명했다.

간다 간다 나는 간다
너를 두고 나는 간다.
이로부터 여러 해를
너를 보지 못할지니.
그동안에 나는 오직
너를 위해 일할지니.
나 간다고 슬퍼 마라
나의 사랑 한반도야.

'흥사단'을 조직하다

만주를 거쳐 블라디보스토크에 이르렀을 때 일제에 나라를 빼앗겼다는 소식이 들렸다. 안창호는 연해주 곳곳을 돌며 한국인의 단결을 호소했다. 1911년 9월 다시 미국으로 간 안창호는 같은 해 11월, 샌프란시스코에서 '대한인 국민회'를 조직했다. 회장이 된 안창호는 회원들의 품격을 높이고, 근검과 저축을 통해 안정된 삶을 꾸리도록 온 힘을 기울였다. 또 청결과 예의, 신용을 강조하고, 교포들의 권리와 이익을 위해 발로 뛰었다.

안창호의 활약에 힘입어 대한인 국민회는 중앙 총회 아래 하와이, 북미, 만주, 멕시코, 쿠바에까지 지방 총회를 두었다. 그야말로 세계에 흩어져 있는 동포들을 하나로 묶는, 명실상부한 해외 동포 연결망이 된 것이다. 뿐만 아니라 교포들을 일본인 취급하는 일제에 맞서는 독립운동 단체이자, 유학생과 이민자를 위해 보증을 서는 정부 구실까지 했다. 어느덧 대한인 국민회는 국내외에서 두터운 신임을 받는 독립운동 단체로 거듭났다.

1912년 안창호는 "조국의 독립을 위해 국민 한 사람 한 사람이 몸과 마음을 닦아 참된 인격을 갖추고, 지식과 기술을 가진 인재가 되고, 그런 개인들이 나라를 위해 굳게 단결해야 한다. 특히 청년들이 중요하다."는 평소 신념을 바탕으로 '흥사단'을 만들기로 했다. 단

흥사단 4대 정신
무실 참되기, 거짓말 안 하기.
충의 신의와 믿음으로 사람 대하기.
용감 불의 앞에 물러서지 않기.
역행 힘써 실천하기.

원끼리 지켜야 할 법을 정하고, 동지를 모았다. 약 1년 만에 8도에서 한 명씩 8명이 모였다. 1913년 5월 13일, 마침내 샌프란시스코에서 '흥사단'을 창립했다.

흥사단에 들어가려면 문답 과정을 거쳐야 했다. "나라를 구할 이론과 방법을 토론해야 하오. 묻는 자나 답하는 자나 터럭만큼의 거짓도 없어야 하오." 문답을 통해 스스로 생각을 정리해, 바른 사상과 의견을 찾는 흥사단만의 방법이었다. 또 '무실, 역행, 충의, 용감.' 4대 정신을 갖춰 민족의 부흥과 번영을 위해 노력하자고 했다. 그리고 스스로 모범을 보였다.

독립운동의 거목, 스러지다

1919년 3월 1일, 온 나라에 독립 만세 소리가 울려 퍼졌다. 안창호는 해외 교포들에게 소식을 알리고, 독립 전쟁에 필요한 돈을 모아 달라고 호소했다. 대한인 국민회 대표 자격으로 상하이로 간 안창호는 대한민국 임시 정부의 내무부 총장과 국무총리 대리를 맡아 임시 정부를 이끌었다. 그러나 임시 정부는 파벌 싸움과 재정난으로 갈수록 어려워졌다. 안창호는 좌절하지 않고, 독립운동 세력을 하나로 모으려고 1920년대 내내 부지런히 중국과 미국을 오갔다.

그러던 1932년, 윤봉길 의거 관련자로 체포되어 2년 6개월 동안 옥살이를 했다. 몸이 많이 상했으나 전국을 돌며 청년들에게 나라와 민족에 대한 의무를 다하라고 강조했다. 그러나 1937년 11월, '수양 동우회' 사건으로 다시 붙잡혀 서대문 형무소에 갇혔다. 생명이 위독해 얼마 뒤 풀려났으나, 이듬해 3월, 끝내 세상을 뜨고 말았다.

나를 아는 데 필요한 정보 ❼

❶ 나 안중근은 1879년 9월 2일 황해도 해주에서 태어나 1910년 3월 26일 중국 다롄의 뤼순 감옥에서 사형당했다.
❷ 공부도 잘하고, 말타기도 잘하고, 명사수로 소문이 짜할 만큼 활과 총도 잘 쏘았다. 한마디로 문무를 겸비한 인재였다.
❸ 아버지를 따라 천주교도가 되었다. '도마(토마스)'가 내 세례명이다.
❹ '을사늑약' 뒤 학교를 세워 애국 계몽 운동을 펼치고, '국채 보상 운동'에도 적극 참여했다.
❺ 연해주에서 의병 부대를 만들어 국경을 넘나들며 일본군을 괴롭혔다.
❻ 동지 11명과 한 사람 한 사람이 폭탄이 되어 일제를 향해 날아가자고 결의하고, '단지 동맹'을 맺었다.
❼ 민족의 원흉, 이토 히로부미를 암살해 백성들의 한을 조금이나마 풀어 주었다.

안중근

하얼빈역에 울려 퍼진 코레아 우라!

1909년 10월 26일, 나는 하얼빈역 찻집에서 차를 마시고 있었어. 9시쯤 기차 들어오는 소리가 났어. 이어 우렁찬 군악 소리가 하늘을 갈랐지. 난 큰 걸음으로 소리 나는 쪽으로 갔어. 줄지어 서 있는 군대 뒤편에서 러시아 관리들이 누군가를 호위하면서 왔어. 누런 얼굴에 수염이 허연 키 작은 늙은이. 이토 히로부미가 분명했어. 권총을 뽑아 들고 방아쇠를 세 번 당겼어! 늙은 도적은 고꾸라졌고, 러시아 헌병들이 날 덮쳤어. "코레아 우라!"라고 소리쳤지. 눈치챘구나? 그래. 바로 나, 안중근이야. 일본 영사관으로 끌려간 난 이토 히로부미를 죽인 15가지 이유를 또박또박, 당당하게 말했어. 다 듣고 난 검찰관이 나보고 의인이라며, 사형당할 일은 없으니 걱정 말라고 하대? 난 죽고 사는 건 지껄이지 말고, 이토 히로부미를 죽인 이유만 너희 천황에게 말하라고 했지. 그리고 끝내 뤼순 감옥에서 형장의 이슬이 되고 말았어. 그리고 5개월 뒤 나라를 빼앗겼다니, 이렇게 원통하고 절통할 수가!

안중근은 사형이 집행되기 전, 면회 온 아우 정근과 공근에게 "내가 죽은 뒤에 내 뼈를 하얼빈 공원 옆에 묻어 두었다가 독립하거든 고국으로 옮겨 다오."라고 유언했다. 그리고 고향에서 보내온 한복으로 갈아입고, 형장으로 발길을 옮겼다. 그러나 일제는 유해를 넘겨주지 않고, 뤼순 감옥 묘지에 서둘러 매장했다. 우리 정부는 2008년 처음으로 유해 공동 발굴에 나섰으나 찾지 못했다. 서울특별시 용산구 효창동 효창 공원 순국 선열 묘소에 있는 안중근의 가묘이다.

나는야 백발백중 명사수!

나라의 문을 연 지 3년째 되던 1879년, 가슴에 북두칠성 모양의 점 7개가 있는 한 아이가 태어났다. 할아버지 안인수는 북두칠성의 기운을 받아 건강하고 뜻있게 살라며 '응칠'이라는 이름을 지어 주었다. 일곱 살 때부터 서당에 다녔는데 공부를 잘하고, 좋아했다. 그러나 병정놀이를 더 즐겼다. 어찌나 세게 칼싸움을 하는지 나무칼은 부러지기 일쑤였다. 쉴 새 없이 활을 쏘아 대 화살도 남아나질 않았다. 그 바람에 머슴들만 애를 먹었다.

안응칠은 얼마 뒤부터 진짜 활쏘기, 말타기, 총 쏘는 법을 배웠다. 갈수록 솜씨가 늘어 열네 살 무렵에는 움직이는 표적을 백발백중 맞혀 명사수로 이름을 날렸다. 수천 석을 거두는 양반댁 도련님이 온 산을 뛰어다니며 짐승을 잡는 걸 보고 친구들은 혀를 찼다. 그때마다 안응칠은 "학문도 중요하지만 사냥이 어때서? 스스로 굳은 의지를 갖고 하고자 하는 일을 하면, 그게 장부이지." 했다. 할아버지는 문무를 겸비한 손주가 좀 더 진중한 사람이 되기를 바라며, '중근'이라는 새 이름을 지어 주었다.

1895년 '청일 전쟁'에서 승리한 일본은 조선을 삼키려고 더욱 열을 올렸다. 안중근은 나

안중근은 빌렘 신부에게 프랑스어 등 외국어와 국제 정세 등을 배웠다.

주교한테 단칼에 거절당한 안중근은 "일본어 배우면 일본 종놈이 되고, 영어 배우면 영국 종놈이 되더라고. 프랑스 종놈이 안 되려면 때려치우자."며 프랑스어 배우는 걸 그만두었다.

안중근은 빌렘 신부와 의견이 다를 때마다 맞섰고, 그때마다 빌렘 신부는 안중근에게 꿀밤을 안겼다.

라를 위해 무얼 해야 할지 갈피를 잡을 수가 없었다. 다만 장부로 살겠다는 생각은 더욱 굳어졌다. 1897년 아버지를 따라 천주교 신자가 된 안중근은 프랑스인 빌렘 신부에게 '도마'라는 세례명을 받았다. 빌렘 신부는 세계 역사, 평등, 자유, 평화 같은 가치를 가르쳐 주었다. 또 곧잘 세상 돌아가는 이야기를 해 주며, 안중근을 일깨웠다.

계몽 운동가에서 의병 지도자로

1905년 '러일 전쟁'에서 승리한 일본은 '을사늑약'을 강제로 맺어 우리의 주권을 빼앗았다. 안중근은 나라를 구할 방법을 찾으려고 상하이로 갔다. 한국인과 천주교 관계자들을 만나 주권을 되찾자고 했다. 그러나 다들 이런저런 핑계를 대며 힘을 모아 주지 않았다. 그러던 어느 날, 가깝게 지내던 르 각 신부를 우연히 만났다. 르 각 신부는 나라 안에서 실력을 길러 싸우라고 했다. 그해 12월, 안중근은 고향으로 돌아왔다.

"실력을 기르려면 백성을 깨우쳐야 하고, 백성을 깨우치려면 가르쳐야 한다." 집안의 재산을 팔아 1906년 '삼흥 학교'를 세웠다. 변화하는 세상에 맞춰 신학문을 배우려는 청년들이 줄지어 모여들어 교실이 모자랐다. 재정이 어려운 '돈의 학교'를 인수해 학생들을 받았다. 이듬해 일제에 진 나랏빚 1300만 원을 국민의 힘으로 갚자는 '국채 보상 운동'이 대구에서 시작되었다. 안중근은 가족의 패물을 모아서 내놓았다. 삼흥 학교 운영자로 따로 또 돈을 냈다. 집회에도 참석해 적극적으로 국채 보상 운동을 알렸다.

1907년 '헤이그 특사 사건'으로 고종이 강제로 물러났다. 한국 군대도 해산당했다. 나라의 운명이 막다른 골목으로 내몰리고 있었다. "지금은 자기 몸이나 집을 돌볼 때가 아니다. 나라를 떠나 사방으로 뛰어다니며 독립을 위해 평생을 바치자." 안중근은 교육을 통한 계몽 운동보다 총을 들고 싸우는 일이 더 급하고 중요하다고 생각했다. 동생들에게 남은 가족을 부탁하고, 연해주로 갔다.

안중근은 '대한의군'이라는 의병 부대를 만들어 국경을 넘나들며 일본군을 공격해 타격을 입혔다. 한번은 일본 군인과 상인을 잡았다. 안중근은 '만국 공법(국제법)'에 포로를 죽이지 못하게 되어 있다며 풀어 주었다. 장교들은 불만을 터뜨렸다. 군사를 데리고 떠나는 장교도 생겼다. 얼마 뒤 일본군의 기습 공격을 받아 대한의군은 처참하게 패했다.

하얼빈에 울려 퍼진 "코레아 우라!"

안중근은 이끌던 의병 부대가 일본군한테 당한 뒤 블라디보스토크에 머물렀다. 1909년 9월, 교포 신문인 《대동공보》에 이토 히로부미가 러시아 재무 장관 코코프체프와 회담하려고 하얼빈에 온다는 기사가 실렸다. "늙은 도둑이 내 손에서 끝나는구나!" 안중근은 남몰래 기뻐하며 이토 히로부미를 저격하기로 마음먹었다. 우덕순과 유동하도 함께하겠다고 나섰다. 셋은 가족을 마중 나가는 것으로 입을 맞추고, 권총 세 자루를 준비했다.

세 사람은 10월 21일 블라디보스토크를 떠나 다음 날 하얼빈에 도착했다. 하얼빈 시내를 돌아다니며 분위기를 살피고, 머리도 깎고, 옷도 사고, 기념 촬영도 했다. 이토 히로부미가 25일 창춘을 출발해 26일에 하얼빈에 도착한다는 걸 확인했다. 26일 먼동이 텄다. 안중근은 양복을 입고, 권총을 확인했다. 그리고 하얼빈역으로 나갔다.

경비가 삼엄했다. 그러나 더 큰 문제는 이토 히로부미의 얼굴을 정확히 알지 못하는 거였다. 9시쯤 열차가 도착했다. 곧이어 군악대의 연주 소리가 우렁차게 울려 퍼졌다. 이토 히로부미가 열차에서 내린다는 신호가 틀림없었다. 안중근은 러시아 관리들이 호위하고 있는 허연 수염에 몸집이 작은 동양 늙은이를 발견했다.

"그래, 저 놈이야!" 안중근은 늙은이를 향해 3발을 연달아 쏘았다. 혹시나 하는 생각에 위엄 있어 보이는 일본인들을 향해 3발을 더 쏘았다. "코레아 우라(한국 만세)!" 안중근은 두 팔을 높이 들고 소리쳤다. 1909년 10월 26일, 아침 9시 30분쯤이었다.

의거 뒤 그 자리에서 잡힌 안중근은 러시아 헌병대에 끌려갔다. 체포 뒤 쇠사슬에 묶인 모습이다.

안중근은 조국을 위해 폭탄이 되기로 결심하고 1909년 1월, 11명의 동지와 '단지 동맹'을 맺었다. 뤼순 감옥 시절로 단지한 손가락이 보인다.

1910년 3월 10일, 면회 온 아우 정근, 공근, 빌렘 신부에게 유언하는 모습이다. 안중근은 "대한 독립의 소리가 천국에 들려오면, 춤추며 만세를 부르겠다."고 했다.

마지막까지 당당하게

하얼빈 일본 영사관에서 신문을 받은 안중근은 그해 11월 3일, 뤼순 감옥에 갇혔다. 안중근의 의거 소식이 전해지자, 국내외에서 변호에 필요한 돈을 모으자는 운동이 일어났다. 또 한국인 변호사뿐 아니라 러시아, 영국 변호사도 무료로 변호하겠다고 나섰다. 그러나 일본은 모두 금지하고, 일본인 관선 변호사를 선임했다.

안중근은 1910년 2월 7일~14일까지 여섯 차례 재판을 받았다. 판사도, 검사도, 변호사도, 통역관도 모두 일본인이었다. 재판은 일주일 만에 끝났다. 안중근은 사형, 우덕순과 유동하는 각각 징역 3년과 1년 6개월을 선고받았다. 안중근은 이토 히로부미를 암살한 이유를 논리 정연한 말솜씨와 당당한 태도로 밝혔다. "… 내가 이토를 죽인 이유는 이토가 동양의 평화를 어지럽게 하고, 한일 사이가 멀어지기 때문에 한국의 의병 중장 자격으로 죄인을 처단한 것이다 …." 일본인 변호사도 감복해 "이토를 죽이지 않으면 한국이 독립할 수 없다는, 조국에 대한 충성심에서 비롯됐다는 걸 의심할 여지없다."고 변론했다.

안중근은 항소를 포기했다. 할 일이 많았다. 자서전 《안응칠 역사》를 썼다. 또 동양 평화에 대한 생각을 〈동양 평화론〉에 담았다. 그러나 그해 3월 26일 사형당하는 바람에 완성하지 못했다. 안중근은 사형 전날 동포들에게 마지막 글을 남겼다. "독립을 되찾고 동양의 평화를 지키려고 모진 고생을 하다가 목적을 못 이루고 이곳에서 죽노라. 우리 2천만 동포가 내 뜻을 이어 자유 독립을 되찾는다면, 죽어서도 여한이 없겠노라."

단지 혈서 기념 엽서이다. 미주 한인들이 재판비를 후원하려고 1909년 만든 것으로 추정한다.

이토 히로부미를 죽인 이유

- 명성 황후를 시해한 죄
- 고종 황제를 폐위한 죄
- '을사늑약'과 '한일 신협약'을 강제로 맺은 죄
- 죄 없는 한국인을 학살한 죄
- 정권을 마음대로 빼앗은 죄
- 한국 군대를 해산시킨 죄

이 밖에 철도, 광산, 산림을 빼앗은 죄, 한국인이 일본의 보호를 받으려고 한다고 거짓말을 퍼트린 죄 등 모두 15가지야.

나를 아는 데 필요한 정보 ❼

1. 나 유관순은 1902년 12월 16일 충남 천안에서 태어나 1920년 9월 28일 서울 서대문 형무소에서 죽었다.
2. 무슨 일이든 지는 걸 싫어하고 장난을 좋아해 별명이 장난꾼이었다.
3. 교회와 학교를 세워 '애국 계몽 운동'을 펼친 아버지의 영향으로, 어려서부터 신앙 생활을 하며 민족의식을 키웠다.
4. 선교사의 추천으로 학비를 면제받고 '이화 학당'에 들어갔다.
5. 늘 "잔 다르크처럼 나라를 구하는 소녀가 될 테다." 다짐하고 기도했다.
6. 이화 학당 고등과 1학년 때 '3·1 운동'에 참여했다.
7. 고향 아우내 장터에서 일어난 만세 운동을 계획하고, 이끌었다.

유관순

너희는 우리를 재판할 권리가 없다!

1919년 3월 1일. 아침 일찍 덕수궁의 고종 황제 빈소를 방문하고 오후에 있을 시위에 참여하기로 했어. 임금님의 인산일 즈음에 일제의 강제 병합에 항의하고, 독립을 선언하는 평화적인 만세 시위를 하기로 했거든. 학생 대표가 탑골 공원에서 〈3·1 독립선언서〉를 낭독하자, 수많은 사람들이 태극기를 손에 들고 "대한 독립 만세!"를 소리쳤어. 나도 목이 터져라 외쳤지. 가슴이 뜨거워지고, 하염없이 눈물이 흘렀어. 휴교령이 내리자 고향으로 내려가 또다시 만세 시위를 했어. 이때 일본군의 총칼에 부모님을 잃고, 나도 감옥에 갇혔지. 나는 법정에서도 당당하고 기개 있게 말했어. "나는 한국 사람이다. 너희는 우리 땅에 와서 우리 동포를 수없이 죽였다. 죄를 지은 자는 바로 너희다! 우리는 너희에게 형벌을 줄 권리가 있어도 너희는 우리를 재판할 어떤 권리도 명분도 없다!" 난 혹독한 고문을 견디지 못하고, 끝내 감옥에서 열여덟 꽃다운 나이에 세상을 뜨고 말았어ㅠㅠ.

1905년 '을사늑약'으로 외교권을 빼앗은 일제는 1907년 '한일 신협약'으로 사법권까지 빼앗았다. 그리고 이듬해 동양 최대 감옥인 '경성 감옥'을 만들었다. 일제에 저항하는 한국인을 최대한 잡아넣기 위해서였다. 1912년 '서대문 감옥', 1923년 '서대문 형무소'로 이름을 바꿔 해방이 될 때까지 운영했다. 유관순이 모진 고문 끝에 순국한 서대문 형무소의 모습으로, 서울특별시 서대문구 서대문 형무소 역사관에 있다.

선생님을 꿈꾼 장난꾸러기 소녀

이화 학당 학생들은 잠자기 전 단체 기도를 했다. 같은 방을 쓰는 학생끼리 돌아가며 대표로 했는데, 끝부분에 "예수 그리스도의 이름으로 기도합니다."라고 하면, 다른 학생들은 "아멘!" 하고 말했다. 유관순이 대표로 기도하는 날이었다. 친구들은 "예수 그리스도의 이름으로 기도합니다."라는 대목을 기다렸다. 순간 유관순이 "명태의 이름으로 기도합니다!" 했다. 친구들은 배를 잡고 구르며 깔깔댔다.

친구들이 왜 명태 이름으로 기도했느냐고 물었다. 유관순은 "친구 집에서 부쳐 준 명태 반찬이 하도 맛있어서, 그 명태 생각이 나서 명태 이름으로 빈 거야."라고 했다. 이렇듯 유관순은 유쾌하고 장난을 좋아하는 평범한 소녀였다. 이 일로 유관순과 친구들은 품행 점수 F를 받았고, 방에는 한 달 동안 빨간 딱지가 붙었다.

유관순은 1902년 충남 천안에서 태어났다. 기독교도인 아버지 유중권을 따라 대여섯 살 때부터 교회에 나갔다. 유중권은 '흥호 학교'를 세워 애국 계몽 운동을 펼칠 만큼 민족의식이 강했다. 아버지의 영향을 받아 유관순은 자연스레 나라 사랑하는 마음을 키워 갔다. 1916년 선교사 샤프 부인의 배려로 장학금을 받고 이화 학당 보통과에 들어갔다. 1918년 졸업한 유관순은 같은 해 고등과에 올라가 선생님이 될 꿈을 키웠다.

3·1 운동의 상징이 되다

그해 '제1차 세계 대전'이 끝나고 '파리 강화 회의'가 열렸다. 회의에서 미국 대통령 윌슨이 "각 민족의 운명은 그 민족 스스로 결정하게 하자."는 '민족 자결주의'를 발표했다. 국내외 독립운동가들은 독립을 이룰 수 있다는 희망을 품었다. 우리나라가 독립국임을 전 세계에 알리고, 고종의 인산일 즈음에 무저항, 비폭력 만세 운동을 벌이기로 했다. 도쿄 유학생들의 '2·8 독립선언'을 시작으로 분위기가 무르익었다.

3월 1일 오후 2시, 태화관에서 민족 대표 33인 중 29명이 모여 조선이 독립국임을 선언했다. 그 시각 탑골 공원에는 학생과 시민 수천 명이 모여 있었다. 학생 대표 정재용이 〈3·1 독립선언서〉를 낭독하자, "대한 독립 만세!" 소리가 땅을 울렸다. 태극기와 선언서를 든 사람들이 시내로 쏟아져 나왔다. 유관순도 시위에 참여했다.

조선 총독부는 임시 휴교령을 내렸다. 유관순은 〈3·1 독립선언서〉를 숨겨 고향으로 내려

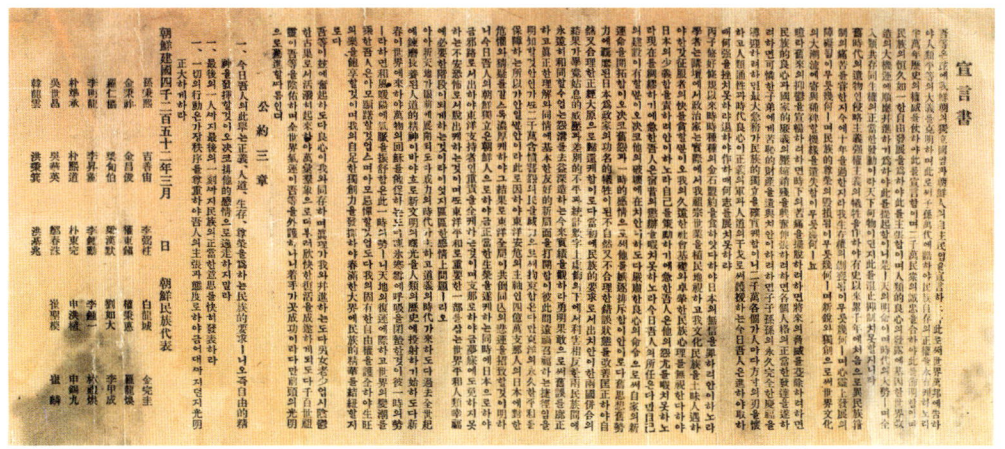

조선의 독립을 국내외에 선언한 〈3·1 독립선언서〉이다. "우리 조선이 독립국임과 조선 사람이 자주적인 민족임을 선언한다…."로 시작하는 선언서는 최남선이 초안을 작성했다. 천도교에서 운영하던 보성사에서 2만여 장을 인쇄해 뿌렸다. 〈기미 독립선언서〉라고도 한다.

갔다. 어른들을 찾아다니며 서울의 소식을 전하고, "삼천리 강산이 들끓는데 우리 동네만 잠잠할 수 있느냐."며 설득했다. 그리고 아버지를 비롯해 명망 있는 어른들과 만세 운동 계획을 하나하나 짜 나갔다. 태극기도 직접 만들었다.

4월 1일 아우내 장날, 정오가 되자 사람들이 모여들었다. 유관순은 "우리는 나라 없는 백성으로 온갖 압제와 설움을 참고 살아왔습니다. 더는 참을 수 없습니다. 나라 없는 백성을 어찌 백성이라 하겠습니까? 만세 운동으로 나라를 되찾읍시다!"라며 용기를 북돋웠다. 장터는 독립을 염원하는 3천여 명의 열기로 달아올랐다. 헌병들이 달려와 총칼을 휘둘러 댔다. 19명이 죽고 30명이 부상했다. 유관순의 부모도 학살당했다.

감옥에 갇혔을 때 유관순의 모습이다.

그날 저녁, 유관순은 헌병대로 끌려갔다. 갖은 고문을 당하면서도 자신이 주동자이니, 다른 이들은 풀어 주라고 호통쳤다. 공주 지방 법원에서 5년 형을 선고받고, 공주 감옥을 거쳐 서대문 형무소로 옮겨졌다. 항소 끝에 3년 형이 확정되었다. 유관순은 감옥에서도 쉼 없이 만세를 불렀고, 이듬해 모진 고문을 이기지 못하고 끝내 순국했다.

유관순 · 81

대한 제국에서 대한민국으로

나라의 문을 연 뒤 열강의 침략이 본격화되면서 '주권'과 '독립'을 지키는 게 중요한 과제가 되었다. 청일 전쟁에서 승리한 일본은 침략의 발톱을 더욱 드러냈고, 러시아도 조선을 노렸다. 열강의 틈바구니에서 우리 민족은 주권과 독립을 지켜 낼 수 있을까?

짓밟히는 주권

러시아가 일본을 그냥 두고 볼 리 없었다. 고종은 러시아의 힘을 빌려 일본을 몰아내기로 했다. 일본은 "닭 쫓던 개 지붕 쳐다보는 격."이 되었다. 1895년 8월, 일본은 깡패들을 동원해 왕비 민씨를 시해하는 '을미사변'을 저질렀다. "국모의 원수를 갚자!"며 전국에서 의병들이 들불처럼 일어났다. 을미사변으로 신변의 위협을 느낀 고종은 1896년 2월, 러시아 공사관으로 몰래 거처를 옮기는 '아관 파천'을 단행했다. 이제 러시아가 주도권을 쥐었다. 고종은 돈벌이가 되는 사업을 열강들에게 나누어 주고, 독립을 지키려고 했다. 러시아에는 인천 월미도의 석탄 저장고, 압록강 유역의 목재 벌채권 등을 넘겼다. 미국은 경인선 철도를 놓고, 서울에서 전차를 운행하고, 운산에서 금을 캘 권리를 받았다. 일본도 송화의 사금, 연안 어업권 등을 손에 넣었다.

임금님이 남의 나라 공사관에 셋방살이를 하다니, 나라의 위신이 말이 아니구먼ㅠㅠ.

나라의 주권과 백성의 권리를 세우자

나라의 주권이 짓밟히고 있었지만 정부는 아무 힘도 못 썼다. 나라의 주권과 백성의 권리를 세워야 한다는 기운이 높아 갔다. 서재필이 1896년 4월, "무슨 일에서든 인민이 대변자가 되고, 정부가 하는 일을 백성에 알리고…."라는 정신을 밝힌 《독립신문》을 창간했다. 7월에는 '독립 협회'를 만들고, '독립문'을 세웠다. 독립 협회는 토론회와 강연회를 자주 열어 강대국을 꾸짖고, 자주 독립 의식을 일깨웠다. 또 백성의 권리를 세우고, 애국심을 높여야 한다고 강조했다. 독립 협회는 백성들과 함께 고종에게 궁으로 돌아오라고 끈질기게 요구했다. 여론에 밀린 고종은 1년 만에 경운궁(덕수궁)으로 돌아왔다.

독립 협회는 누구든 나와서 자유롭게 발언할 수 있는 '만민 공동회'를 자주 열었다. 백정 박성춘은 만민 공동회에서 "나라와 백성이 잘살려면 관민이 힘을 합해야 합니다…."라며 백성도 정치의 주인임을 밝혔다. 박성춘의 연설 모습 상상화이다.

황제의 나라, 대한 제국

고종은 1897년 10월, 나라 이름을 '대한 제국'으로 바꾸었다. 연호도 독자적인 '광무'로 바꾸고, 황제에 올랐다. 500년 넘게 이어 온 '조선'이라는 이름은 역사 속으로 사라졌고, 이제 우리나라도 중국, 일본, 러시아와 어깨를 나란히 하는 황제의 나라가 되었다. 고종은 헌법에 해당하는 '대한국 국제'를 반포했다. "대한 제국 황제께옵서는 무한한 군주의 권한을 누리시나니."로 시작하는 대한국 국제에는 입법, 사법, 행정, 군사 등 모든 권한이 황제에게 있다고 밝혀 놓았다. 하지만 나라 이름을 바꾸었다고 해서 달라진 건 아무것도 없었다. 황제의 나라에 걸맞지 않게 국력은 턱없이 모자랐다. 러시아와 일본이 팽팽히 맞서는 가운데 겨우 나라의 명맥을 이어 갔다.

고종은 경운궁 앞에 환구단을 세우고, 황제 즉위식을 치렀어. 환구단은 하늘에 제사 지내는 제단으로 중국 천자만이 지낼 수 있었지. 환구단의 모습이야.

대한 제국에서 대한민국으로

러시아에 주도권을 빼앗긴 일본은 1904년 '러일 전쟁'을 일으켰다. 한국은 백성들의 피해를 막으려고 중립을 선언했으나 소용없었다. 이듬해 러일 전쟁에서 승리한 일본은 미국, 영국과 차례로 조약을 맺었다. 미국이 필리핀, 영국이 인도를, 일본이 한국을 차지하는 걸 서로 인정하는 더러운 거래였다. 이어 1905년 11월, '을사늑약'을 강제로 맺어 한국을 보호국으로 삼았다. 의병을 비롯한 항일 독립 운동이 불꽃처럼 타올랐다. 일본은 독립운동을 무자비하게 탄압하며, 한국을 삼키려는 계획을 착착 실행했다. 1910년 8월, 한국은 끝내 일본의 식민지가 되었고, 한국인은 총칼을 앞세운 무단 통치 아래 숨조차 크게 못 쉬었다. 1919년 3월 1일, 우리 민족의 독립에 대한 열망이 폭발한 3·1 운동이 일어났다. 3·1 운동은 함께 싸워야 독립을 이룰 수 있고, 함께 싸우려면 지도부가 필요하다는 걸 일깨워 주었다. 그 결과 그해 4월, '대한민국 임시 정부'가 중국 상하이에 들어섰다. 임시 정부는 "대한민국은 민주 공화제이며, 모든 인민은 남녀 귀천 및 빈부의 계급이 없고 일체 평등하다."고 임시 헌장(헌법)에 못박았다.

국권 피탈 과정
- 한일 의정서(1904. 2.)
  작전상 필요하면 한국 땅 어디든 사용.
- 제1차 한일 협약(1904. 8.)
  재정 고문과 외교 고문 파견.
- 을사늑약(제2차 한일 협약, 1905. 11.)
  외교권 박탈, 통감부 설치.
- 한일 신협약(1907. 7.)
  일본인 차관 파견, 한국 군대 해산.
- 기유 각서(1909. 9.)
  사법권 박탈
- 한일 병합 조약(1910. 8.)
  국권 피탈, 조선 총독부 설치, 헌병 경찰제 실시.

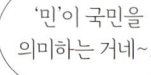
이제 한국인은 대한 제국 신민에서 대한민국의 국민이 되었어!

'민'이 국민을 의미하는 거네~.

왕의 백성에서 국민이 나라의 주인이 된 거지.

 나를 아는 데 필요한 정보 ⑦

① 나 김좌진은 1889년 12월 16일 충남 홍성에서 태어나 1930년 1월 24일 북만주에서 암살당했다.
② 공부보다 활쏘기, 말타기, 병정놀이를 즐겼다. 물론 대장은 늘 내 차지였다.
③ 영웅호걸 이야기에 빠져 《삼국지》와 《수호지》를 좔좔 읊을 정도로 읽었다.
④ 열다섯 살에 집안의 노비를 해방시키고, 논밭을 골고루 나눠 주었다.
⑤ 군사학에 관심이 많았으며, '육군 무관 학교'에서 2년 동안 정식 교육을 받았다.
⑥ '북로 군정서'의 총사령관을 맡아 수많은 독립군을 길러 냈다.
⑦ 항일 무장 투쟁의 꽃이라 불리는 '청산리 대첩'에서 일본군을 무찔러, 독립군의 기세를 드높였다.

김좌진

'청산리 대첩'을 이끈 독립군의 별

어릴 때부터 힘이 항우장사였어. 남들은 들지도 못하는 물독을 번쩍 들고 갈 정도였지. 거짓부렁이라고? 에잇! '청산리 대첩'의 영웅인 내가 뻥칠 리가 있나. 물론 내 힘만으로 청산리에서 일본군을 대파한 건 아냐. 만주와 연해주 지역에는 일찍부터 우리 동포들이 건너가 터를 잡고 살며 기반을 닦아 놓았어. 비폭력, 무저항으로 일제에 맞선 '3·1 운동'이 실패하자, 난 무장 투쟁으로 독립을 찾는 게 빠르겠다고 여겼어. 그래서 만주로 가 독립군 부대를 이끌었지. 홍범도 부대가 봉오동에서 승리의 신호탄을 쏘아 올렸어. 약이 바짝 오른 일본군이 독립군의 씨를 말리겠다며 청산리로 몰려들었어. 엿새 동안 밤낮없이 싸워 10배가 넘는 일본군을 작살냈지. 죽음을 무릅쓰고 주먹밥을 해 나른 동포들, 오줌을 마셔 가며 싸운 수많은 독립군들이 없었다면 아마 불가능했을 거야. '청산리 대첩' 하면 나, 김좌진이 떠오르지? 이제는 이름 모를 동포들과 독립군들도 함께 기억해 줘!

'청산리 대첩'에 참여한 이범석은 회고록《우등불》에서 다음과 같은 글을 남겼다. "굶주림! 그러나 이를 의식할 시간도 먹을 시간도 없었다. 아낙네들이 치마폭에 밥을 싸 가지고 빗발치는 총알을 뚫고 산에 올라와 한 덩이 두 덩이 동지들의 입에 넣어 주었다…. 얼마나 성스러운 사랑이며 고귀한 선물이랴! 그 사랑 갚으리. 우리의 뜨거운 피로! 기어코 보답하리. 이 목숨 다하도록…." 중국 지린성 허룽현 청산리에 있는 '청산리 항일 대첩 기념비'이다. 2001년 옌볜 조선족 자치구와 대한민국 정부가 청산리 대첩을 기념하여 함께 세웠다.

집안의 노비를 해방시키다

김좌진은 영특하고, 힘이 장사에 몸이 날랬다. 공부보다는 전쟁놀이와 말타기를 좋아했다. 성정이 강직하면서도 너그럽던 김좌진은 늘 대장 노릇을 했는데, 깃발에 '억강부약(강한 건 누르고, 약한 건 돕는다.)'이라는 글귀를 써서 들고 다녔다. 또 남루한 옷을 입은 친구를 보면 바꿔 입고 오고, 거지를 보면 밥을 먹이고 자신의 옷을 입혀 보냈다.

김좌진네는 90여 칸의 집에 50여 명의 노비를 거느린 이름난 부자였다. 세 살 때 아버지를 여읜 김좌진은 할머니의 엄격한 가르침을 받으며 자랐다. 할머니는 날마다 해야 할 일을 하나씩 정해 꼭 실천하게 했다. 여덟 살 때부터 이름 높은 유학자이자 의병장이던 김복한한테 글을 배웠다. 김복한은 늘 '의'를 따라야 하고, 나라와 백성을 먼저 생각해야 한다고 했다. 김복한의 가르침은 뒷날 김좌진이 항일 투쟁에 나서는 밑거름이 되었다.

김좌진은 열두 살 때 형이 양자로 가는 바람에 가장이 되었다. 모두 그 큰살림을 어찌 꾸려 갈지 걱정했다. 하지만 보란 듯이 너끈히 해냈다. 열일곱 살 때인 1905년 어느 날, 김좌진은 가족과 노비를 모아 놓고 잔치를 열었다. 김좌진은 그 자리에서 노비 문서를 불태우며 "당신들은 오늘부터 자유인이다!"라며 모두 풀어 주었다. 그러고는 논밭을 거저 나누어 주었다. 김좌진은 이렇게 애국 운동의 첫발을 떼었다.

'애국 계몽 운동'에 나서다

일찍부터 군사학에 관심이 많던 김좌진은 정식으로 군사 교육을 받으려고 이듬해 '육군 무관 학교'에 들어갔다. 이 무렵 실력을 길러 '을사늑약'으로 빼앗긴 주권을 되찾자는 '애국 계몽 운동' 바람이 뜨거웠다. 2년 동안 공부하면서 그 현장을 직접 보고 들은 김좌진은 교육으로 백성을 일깨우는 일이야말로 나라를 살리는 지름길이라 믿었다. 1907년 졸업한 김좌진은 상투를 자르고 고향으로 내려와, '호명 학교'를 세웠다.

호명 학교는 이름 그대로 '호서(충청도) 지역을 밝게 하는 학교'라는 뜻이었다. 열아홉 살짜리가 충청도 젊은이들을 가르쳐 구국의 길로 이끌겠다니, 놀라운 일이 아닐 수 없었다. 그러나 노비들한테 논과 밭을 나누어 주어 어려움을 겪었다. 집을 교사로 내놓고 작은 집으로 옮겼다. 또 안동 김씨 문중의 도움을 받아 학교를 꾸려 갔다. 이듬해에는 학생 수가 100여 명에 이르러 소학과와 중등과로 나누었다.

1908년 김좌진은 '기호 흥학회' 홍주 지회에 가입했다. 기호 흥학회는 기호(경기도와 충청도) 지역 인사 105명이 모여 만든 '애국 계몽 운동' 단체로 학교를 세우고, 교사를 기르고, 장학 사업을 벌였다. 뿐만 아니라 김좌진은 《한성 신보》 이사, '대한 협회', '서북 학회' 등 여러 계몽 운동 단체 회원으로 활동하며, 교육 운동과 계몽 운동에 헌신했다. 그러나 나라의 운명은 언제 꺼질지 모르는 바람 앞의 등불처럼 위태로웠다.

김좌진 · 87

항일 독립운동에 뛰어들다

1910년 8월, 끝내 일제에 나라를 빼앗기고 말았다. 이제 국권 회복보다 '독립'이 중요한 과제가 되었다. 김좌진은 일제의 탄압으로 국내에서는 독립운동이 불가능하다고 생각해 서간도에 독립운동 기지를 마련하려고 했다. 서울에 '이창 양행'을 차려 활동 거점으로 삼았다. 비밀 유지뿐 아니라, 번 돈을 즉시 독립운동 자금으로 쓰려는 목적이었다. 또 국경 지역에도 근거지를 마련하려고 신의주에 염직 회사를 세웠다.

그러나 해외에 독립운동 기지를 만들려면 많은 돈이 필요했다. 김좌진은 1911년 6월, 서울의 부자들에게 돈을 모으러 다니다 붙잡혀 2년 형을 받고 서대문 형무소에 갇혔다. 1913년 풀려난 김좌진은 고향으로 내려갔다. 일제의 감시 대상이라 조용히 지내다 1915년 '대한 광복회'에 들어갔다. 박상진이 총사령을 맡은 대한 광복회는 친일 부자들을 처단하고, 군자금을 모아 만주에 독립운동 기지를 만들려고 했다. 김좌진은 군자금 모으는 일을 했다.

그러나 "여기 있소." 하며 돈을 내놓는 이들이 거의 없었다. 그래서 친일 부자들에게 강제로 거두었다. 대한 광복회 이름의 포고문과 배당금 통보서를 보낸 뒤, 거부하거나 밀고하면 처단했다. 한편 대한 광복회는 만주에 부사령을 두어 독립군을 기르는 임무를 맡겼다. 첫 부사령관 이진룡이 체포되자, 1917년 김좌진이 부사령을 맡아 만주로 갔다.

압록강을 건너며 쓴 시, 〈단장지통〉
적막한 달밤에 칼머리의 바람은 차기만 한데,
칼끝에 찬 서리가 고국 생각을 돋게 하는구나.
삼천리 금수강산에 왜놈이 웬 말인가.
단장의 아픈 마음 쓸어버릴 길 없구나!

독립군을 길러 내다

김좌진이 떠난 뒤 대한 광복회는 1918년 초 조직이 탄로 나 무너졌다. 김좌진은 서간도 류허현 삼원보로 갔다. 이미 이회영 등이 세운 신흥 무관 학교가 있었다. 김좌진은 발길을 옮겨 북간도 지린성으로 갔다. 때마침 독립운동가들이 모여서 독립 선언을 준비하고 있었다. 1918년 11월, 신채호를 비롯해 만주와 연해주 지역의 독립운동가 39명이 서명한 〈대한 독립선언서〉를 발표했다. 국내외 통틀어 처음이었다. 물론 김좌진도 서명했다.

1919년 3·1 운동 뒤 상하이에 '대한민국 임시 정부'가 들어섰다. 김좌진은 임시 정부가 이끄는 '북로 군정서'의 총사령관이 되었다. 먼저 사관 연성소를 세워 장교를 기르는 데 온 힘을 기울였다. 건물은 울창한 숲속 은밀한 곳에 마련했고, 18세 이상 30세 미만의 청년을 모아 6개월 속성으로 가르쳤다. 교과목은 정신 교육, 역사, 군사학, 병기 조작법, 부대 지휘 및 운영법, 체조 등이었다. 훈련 방식은 대한 제국 군대를 따랐다.

1920년 6월, 마침내 300명의 첫 졸업생이 나왔다. 당당하게 군복을 입고 총을 메어 보는 게 나라가 망한 지 10년 만이요, 대한 제국 군대가 해산당한 지 13년 만이었다. 얼마나 감격스러웠겠는가. 그해 8월에는 군사 수가 1600명을 넘어섰으며, 북만주 최강 정예 부대가 되어 청산리 대첩을 승리로 이끄는 데 큰 몫을 했다.

맨 앞에 우리나라가 완전한 자주 독립 국가라는 걸 선언했어. 도쿄 유학생들의 2·8 독립선언과 3·1 운동의 기폭제가 되었지.

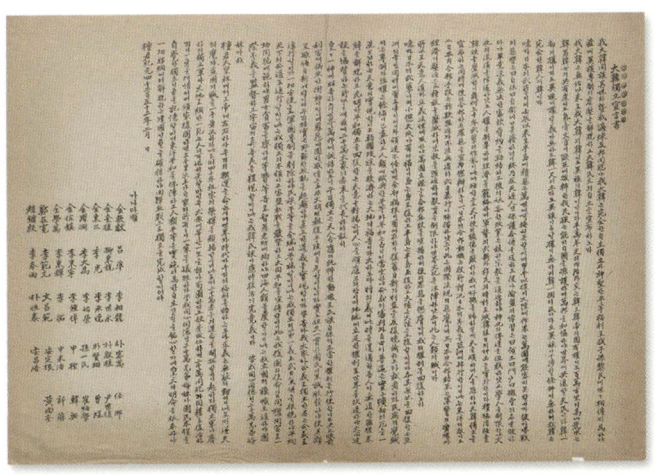

1918년이 무오년이라 〈무오 독립선언서〉라고도 하며, 조소앙이 작성한 것으로 알려졌다. "한일 병합은 무력을 동원해 강제로 한 것이니 무효이며, 동포들에게 맨몸으로라도 싸워서 독립을 되찾자."고 주장했다.

항일 무장 투쟁의 꽃, '청산리 대첩'

3·1 운동 뒤 만주와 연해주 지역에 독립군 부대가 100여 개나 생겼다. 이들은 동포들을 보호하며 교육과 산업 활동을 이끌고, 독립을 위해 무장 투쟁을 준비해 나갔다. 그 가운데 서간도의 '서로 군정서'와 '대한 독립단', 북간도의 '대한 독립군'과 '북로 군정서'가 대표적이다. 이 가운데 홍범도가 이끄는 대한 독립군과 김좌진이 이끄는 북로 군정서의 활약이 두드러졌다.

독립군들은 1920년부터 국내로 들어가 치고 빠지는 유격전으로 경찰서나 주재소를 불사르고, 관청을 때려 부수고, 일본군 진지를 공격했다. 일본군은 독립군의 근거지인 봉오동을 치려다 오히려 대패했다. 독립군을 만만히 볼 수 없다고 본 일제는 독립군을 쳐 없애고, 근거지인 한국인 마을을 쓸어버리려는 '간도 지방 불령 선인 초토 계획'을 세웠다.

1920년 10월, 일본군 2만 명이 두만강을 건너 화룡현까지 독립군을 뒤쫓았다. 화룡현에는 김좌진이 이끄는 북로 군정서군 700명, 홍범도가 이끄는 대한 독립군 300명을 비롯해 2천 명 남짓한 독립군이 모여 있었다. 2천 대 2만, 맞붙어 싸우기에는 군사 수도, 무기도 모두 열세였다. "숨어 있다가 놈들을 깊숙이 유인해 한꺼번에 때려 잡읍시다!" 독립군 연합 부대는 화룡현 삼도구의 좁고 긴 청산리 계곡의 지형을 이용해 일본군에 맞서기로 작전을 짰다.

10월 21일, 김좌진 부대는 백운평으로 들어온 일본군을 공격해 수백 명의 일본군을 무찔렀다. 이튿날 새벽에는 천수평에서 120명의 일본군을 죽였다. 김좌진 부대와 홍범도 부대는 어랑촌에서 합친 다음 천수평으로 향하던 일본군 5천 명을 집중 공격해 대승을 거두었다. 10월 21일~26일까지 일본군을 무찌른 기적 같은 싸움이 '청산리 대첩'이다.

독립군의 별, 스러지다

일본군은 독립군의 근거지를 없앤다는 핑계로 한국인 마을을 습격해 닥치는 대로 학살하고, 집과 학교, 교회를 불태웠다. 독립군은 동포들의 피해를 줄이려고 소련의 스보보드니(자유시)로 갔다. 그러나 소련군은 독립군들을 무장 해제시켰다. 이 과정에서 독립군 수백 명이 죽임을 당하고, 900여 명이 포로가 되었다. 독립군 최대의 비극인 '자유시 참변'이다.

30분 만에 독립군 승리!!!

일본군 기마 부대 120여 명 전멸!!!

갑산촌 전투 일본군 지원 부대가 올 것을 예상하고 백운평에서 100여 리 떨어진 이도구 갑산촌으로 이동했다. 백운평 전투와 행군으로 몹시 지쳤으나 선제 공격이 효과적이라 여겨 10월 22일 새벽, 곤히 잠든 일본군을 공격해 크게 이겼다.

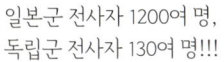

일본군 전사자 1200여 명, 독립군 전사자 130여 명!!!

백운평 전투 백운평은 청산리 계곡에서 폭이 가장 좁고 양쪽에 절벽이 있어서, 적을 공격하기에 가장 좋았다. 김좌진은 부대를 둘로 나누어 제1대는 숨어 후방을 맡게 하고, 제2대는 절벽 위에 배치했다. 일본군이 골짜기 중앙으로 들어오자, 일본군 머리 위로 총알이 비 오듯 쏟아졌다. 일본군은 어디에서 총알이 날아오는지도 모른 채 고꾸라졌다.

어랑촌 전투 김좌진 부대와 홍범도 부대는 어랑촌에서 만나 합친 다음, 높은 곳에 숨어 일본군을 기다렸다. 독립군 수는 1500명. 일본군 5천여 명이 대대적인 공격을 퍼부었다. 오전 7시부터 시작된 전투는 오후 7시쯤 끝났다. 일본군은 막대한 피해를 입고 물러났다. 어랑촌 전투는 독립군이 일본군과 벌인 전투 중 가장 크고, 가장 크게 이긴 전투이다.

독립군들은 다시 만주로 돌아와 통합 운동을 벌이기 시작했다. 1923년 남만주를 중심으로 '참의부', 이듬해에는 지린성 일대에 '정의부'가 들어섰다. 김좌진은 1925년 북만주에서 '신민부'를 조직했다. 이들 3부는 일제의 탄압에 저항하고, 해당 지역의 자치를 맡아 동포를 보호하고 교육하는 등 군 정부 구실을 했다.

김좌진은 신민부의 군사 위원장 겸 사령관을 맡았다. 그리고 '성동 사관 학교'를 세워 독립군을 기르고, 군자금을 모으고, 무장 투쟁을 벌였다. 그러나 1928년 말부터 파벌 싸움이 심해져 결국 이듬해 해체되었다. 김좌진은 '한족 총연합회'를 만들어 독립운동 단체를 다시 합치려고 힘썼다. 그러나 1930년 1월, 고려 공산당 청년 회원, 박상실의 총탄에 쓰러져 물거품이 되고 말았다.

나를 아는 데 필요한 정보 ⑦

① 나 나운규는 1902년 10월 27일 함북 회령에서 태어나 1937년 8월 9일 서울에서 죽었다.
② 뱃심이 두둑하고 호방하고 낙천적이고 활달하면서도 감수성이 빼어났다.
③ '대한 독립군'의 비밀 조직인 도판부에서 활동하다 붙잡혀, 2년 동안 감옥살이를 했다.
④ 스물세 살 때 시쳇말로 오디션을 보고 배우 연습생이 되었다.
⑤ 단역 배우로 시작하여 〈심청전〉으로 일약 성격파 배우로 이름을 알렸다.
⑥ 스물다섯 살에 〈아리랑〉의 대본, 각색, 주연, 감독을 맡아 이른바 '대박'을 터트려 조선 최고의 스타가 되었다.
⑦ 약 15년 동안 영화인으로 활동하며 남긴 작품이 총 29편에 이른다.

죽을 때도 내가 쓴 마지막 대본을 쥐고 있었어….

나운규

전설이 된 한국 영화의 선구자

연극을 처음 본 날, 난 무대가 주는 매력에 흠뻑 빠졌어. 무대 위에서는 매번 새로운 세상이 펼쳐졌고, 매번 새로운 인물이 나와서 세상 사는 이야기를 해 주었지. 난 배우가 되고 싶었어. 그러나 작달막한 키에 뚱뚱한 몸집, 시커멓고 우락부락한 얼굴로 배우는 무슨 배우냐는 소리만 수도 없이 들었어. 그래도 포기하지 않았어. 거울을 보며 연기 연습을 하고, 걸작 영화들을 보며 꿈을 향해 나아갔지. 영화에 처음 출연한 그날은 지금도 잊지 못해. 말 한 마디 없는 가마꾼으로 단 한 장면 출연했지만, 꿈을 이루었다는 기쁨에 온 세상이 내 것 같았거든. 하지만 녹록지 않대? 영화사는 미남 배우를 원했고, 일제의 검열과 제작비 때문에 툭하면 문을 닫더라고. 그래도 희망을 잃지 않고 영화라는 한길만 갔고, 마침내 1926년 〈아리랑〉으로 조선을 뒤흔들어 놓았어. 영화가 무엇인지 가르쳐 주는 이도, 영화로 가는 길을 알려 주는 이도 없던 그 시절로 돌아가 내 꿈과 삶, 영화 얘기를 들려줄게.

일제의 눈초리에 숨조차 제대로 쉬지 못하던 식민지 백성들은 영화를 보며 주인공의 몸짓 하나에 웃고 울며 고단한 삶을 위로받았다. 한발 나아가 나운규의 〈아리랑〉은 영화가 시대를 비추는 거울이자, 일제에 저항하는 마음을 하나로 묶어 내는 소리 없는 무기가 될 수 있다는 걸 보여 주었다. 나운규의 〈아리랑〉을 바탕으로 1957년에 김소동이 만든 영화 〈아리랑〉의 알림 그림이다. 〈아리랑〉이라는 영화 제목 위에 원작 나운규라고 써 있다.

〈아리랑〉, 삼천리 강산을 뒤덮다

3·1 운동의 충격으로 정신을 놓아 버린 영진은 하루 종일 마을을 휘젓고 다닌다. 그런 영진을 보는 아버지와 동생 영희의 가슴은 쓰리고 답답하다. 게다가 천가네 마름 오기호가 영희에게 눈독을 들이고 아버지 빚을 대신 갚아 줄 테니 영희를 달라고 조른다. 하지만 아버지는 꽃 같은 영희를 빚과 바꿀 수 없다며 버틴다. 풍년이 들었다. 마을 사람들은 풍년제를 올리며 흥겹게 논다. 이 틈을 타고 누군가가 영희네 집으로 몰래 들어간다. 오기호이다. 오기호는 다짜고짜 영희를 욕보이려 한다. 때마침 영진이 집으로 들어선다. 영진은 영희를 구하려고 낫으로 오기호를 내리찍는다. 순간 영진은 정신이 돌아오고, 얼마 뒤 순사들이 영진을 꽁꽁 묶어 끌고 간다. 순사들의 손에 끌려 고개를 넘는 영진의 뒤로 〈아리랑〉 노래가 구슬프게 흐른다.

"나를 버리고 가시는 님은 십 리도 못 가서 발병 나네. 아리랑 아리랑 아라리요~."
변사의 목소리가 어느덧 흐느끼고 있었다. "울지 마십시오. 여러분이 우시는 걸 보면 견딜 수가 없습니다. 내가 늘 부른 노래를 부르며 기쁘게 작별합시다." 영화는 끝났지만 극장 안의 사람들은 변사를 따라 〈아리랑〉을 부르기 시작했다. 심지어 "대한 독립 만세!"를 외치는 사람도 있었다. 일제는 〈아리랑〉 상영을 당장 멈추라고 단성사를 협박했다. 결국 단성사는 5일 만에 〈아리랑〉 간판을 내렸다. 하지만 〈아리랑〉을 둘러싼 이야기는 삽시에 전국으로 퍼졌다. 1926년 〈아리랑〉으로 그야말로 돌풍을 일으킨 이. 바로 '한국 영화의 전설'로 불리는 나운규였다.

어린 이야기꾼

나운규네는 아버지 나형권이 회령에서 약재상을 하여 제법 살았다. 열한 살에 회령 공립 보통학교에 들어간 나운규는 제복을 입고 모자를 쓰고 허리에 칼을 찬 선생이 있는 교실이 영 따분했다. 그래서 수업이 끝나기가 무섭게 단짝 김용국과 함께 아이들을 모아 전쟁놀이를 즐기곤 했다. 어느 날, 선생이 한 아이를 데리고 교실로 들어왔다. "전학 온 친구다. 사이좋게 지내거라." 활달하고 배짱이 두둑한 나운규는 아이에게 다가갔다. "나운규다. 넌?" "윤봉춘." 그날부터 나운규, 김용국, 윤봉춘은 삼총사가 되어 전쟁놀이로 하루를 보냈다.

1915년 나운규는 신흥 학교 고등과에 올라갔다. 어느덧 몸도 마음도 자란 나운규는 전쟁놀이 대신 책방으로 달려가 《소년》, 《아이들보이》 같은 잡지에 실린 이야기를 읽고 또 읽었다. 다 읽고 나면 친구들에게 들려주었다. 어찌나 이야기를 재미나게 잘하는지 친구들은 나운규의 이야기에 홀딱 빠졌다. 얼마 뒤부터는 친구들과 함께 몸짓을 섞어 가며 서로 이야기를 주고받았다. 제법 공연 모양새가 되어 혼자 하는 것보다 재미났다. 공연에 빠진 나운규는 회령에서 하는 연극은 죄다 보며, 진짜 무대에서 공연이 하고 싶어졌다.

나운규는 이듬해 친구들과 함께 '회청 동우회'라는 연극 동아리를 만들었다. 그해 8월, 친구들과 준비한 연극이 회청 교회에서 막을 올렸다. 공회당을 꽉 채운 관객들을 바라보는 나운규의 가슴은 자신도 모르게 벅차올랐다. 또 관객들이 박수를 치며 응원을 보낼 때마다 온몸에 전기가 흐르는 듯 찌릿찌릿했다. "무대에 선다는 게 이런 것인가?" 하지만 아버지의 도장을 훔쳐다 공연 허가를 받은 게 들통나 호된 꾸지람을 들었고, 더는 연극 공연을 할 수 없었다. 그뒤 집과 학교, 책방을 다람쥐 쳇바퀴 돌 듯 오가는 생활이 이어졌다.

이야기꾼에 활달하고 패기가 넘치던 나운규는 좋은 일이든 궂은 일이든 앞장서서 친구들한테 인기가 좋았다. 왼쪽에서 두 번째가 나운규로, 열다섯 살 때 모습이다.

독립운동에 뛰어들다

자유로운 공기가 그리웠다. 나운규는 윤봉춘이 다니는 회령 교회에 나갔다. 다른 학교에 다니는 또래와의 만남은 새로운 즐거움을 안겨 주었다. 독서 모임에도 들어갔다. 함께 책을 읽고 토론을 하고, 식민지 조선의 현실에 대한 이야기도 나누었다. 하지만 오래 가지 못했다. 독서 모임에서 불온한 사상을 퍼트렸다는 죄로 헌병대에 잡혀가 흠씬 두들겨 맞고, 무기정학을 당했다. 더는 고향에 있을 수 없게 된 나운규는 1918년 만주에 있는 명동 중학교에 들어갔다. 명동 중학교에서는 우리말과 글, 역사를 가르쳐 애국심을 심어 주었다. 지도 읽기, 군사 체조, 총검술도 배웠다.

1919년 3·1 운동 뒤, 만주와 연해주 일대에 독립군 부대가 우후죽순처럼 생겨났다. 나운규는 윤봉춘, 김용국과 함께 홍범도가 이끄는 '대한 독립군'의 비밀 조직인 '도판부'에 들어갔다. 도판부는 국내를 오가며 군자금을 모으고, 철도나 전화, 전신을 끊어 일본군의 발을 묶어 놓는 일을 했다. 셋은 청진과 회령을 잇는 무산령 굴을 폭파하는 임무를 맡아 혹독한 훈련을 받았다. 그러나 좀 더 큰일을 하려면 공부 먼저 하는 게 중요하다고 의견을 모았다. 나운규는 귀국해 서울에 있는 중동 학교에 편입해 공부에만 매달렸다.

그러던 1921년 3월 어느 날, 무산령 굴 폭파 혐의로 일제에 붙잡혀 징역 2년을 선고받고 청진 형무소에 갇혔다. 청진 형무소에는 독립운동을 하다 잡혀 온 이들이 많았다. 따사로운 햇살이 내리쬐는 어느 봄날, 운동을 끝낸 나운규에게 이춘식이라는 독립운동가가 다가왔다. 이춘식은 나운규에게 '춘사'라는 호를 지어 주며 말했다. "봄의 활달한 기운이 언제나 우리 역사와 함께하기를 바라는 뜻이 담겨 있네. 꼭 새로운 꿈을 찾아서 잘 키우기 바라네."

명동 중학교 시절 나운규의 모습이다.

'배우', 운명처럼 다가오다

1923년 3월, 자유의 몸이 되었다. 하지만 무엇을 하며 살아야 할지 막막했다. 그해 12월 어느 날, 술집으로 향하던 나운규 앞으로 잔뜩 멋을 부린 무리가 지나갔다. 연극 단체인 '예림회' 회원들이었다. 이틀날 나운규는 예림회가 공연하는 공회당으로 한달음에 달려갔다. 공연을 보는 내내 나운규의 가슴은 미친 듯이 뛰었다. "저거야! 공연 때마다 다른 인물이 되어 다른 삶을 사는 배우! 다시 시작하자!"

나운규는 다짜고짜 예림회 단장 안종화를 찾아가 배우가 되고 싶다고 했다. 하지만 안종화는 그 얼굴에 무슨 배우냐며 단박에 거절했다. 매일 안종화를 찾아가 애원했다. 단원들 가운데 은근슬쩍 연기를 가르쳐 주는 이들이 생겼다. 그러나 연기를 배워 본 적이 없는 나운규에게 결코 쉬운 일이 아니었다. 1924년 초 예림회는 서울로 떠났고, 나운규는 하루 종일 거울을 보며 연기 연습을 했다. 그러나 회령에는 극단도, 배우도 없었다.

나운규는 안종화와 예림회를 찾아 무작정 서울로 갔다. 하지만 재정난으로 예림회는 해산하고, 안종화는 부산에 있는 '조선키네마 주식회사'라는 영화사에서 배우로 활동하고 있었다. 나운규는 안종화가 혹시나 서울에 올까 싶어 매일 안종화의 집 주변을 서성였다. 운 좋게 안종화를 만난 나운규는 절박하게 매달렸다.

꿈꾸던 배우가 되다

나운규는 안종화를 따라 부산으로 갔다. 하지만 안종화는 영화사 식구들에게 나운규를 소개시켜 주고는 영화 때문인지 코빼기도 안 비쳤다. 나운규는 연기 연습을 하며 이제나 저제나 연습생이 될 날만 기다렸다. 참다 참다, 연출가 이경손을 찾아갔다. 나운규의 끈기에 마음이 움직인 이경손은 배우를 뽑고 배역을 정하는 왕필렬에게 나운규를 데려갔다. 왕필렬은 나운규를 힐끔 보더니 툭 던졌다. "저 얼굴로 배우 하겠어?" 이경손이 영화사에 악역을 맡을 배우가 필요하다고 설득하여, 며칠 뒤 표정 연기 시험을 보았다.

마침내 나운규는 연습생이지만, 꿈에도 그리던 배우가 되었다. 쥐꼬리만큼 받는 월급은 연극과 영화를 보는 데 다 썼다. 영화를 본 날이면 밤새 줄거리를 되씹고, 장면 하나하나를 되새겼다. 또 감독이 장면을 어떻게 이어 붙여 이야기를 완성했는지 꼼꼼히 살피고, 배우들의 연기를 하나씩 따졌다. 그리고 자신이 감독이라면, 배우라면 어떻게 연출하고 연기했을지 생각했다. 그러고 나서 수십 번 거울을 보며 배우들의 연기를 따라 했다.

1924년 12월, 나운규는 궁녀 운영의 슬픈 사랑 이야기를 그린 〈운영전〉의 가마꾼 역할로 첫 영화를 찍었다. 대사 한 마디 없이 가마를 들고 갔다 들고 오는 역이지만, 세상을 다 얻은 듯했다. 하지만 북새통인 촬영장에서 정해진 시간과 동선에 따라 움직이며 연기하는 건 생각보다 어려웠다. 〈운영전〉은 작품성도 혹평당하고 흥행에도 실패했다.

성격파 배우로 이름을 날리다

〈운영전〉을 연출한 윤교중은 감독 이경손과 주연 배우들을 데리고 서울로 올라와 '백남 프로덕션'을 차렸다. 물론 나운규도 함께했다. 첫 작품으로 〈심청전〉을 만들기로 했다. 감독을 맡은 이경손은 〈심청전〉의 성공은 딸 심청과 아버지 심 봉사에게 달려 있다고 보았다. 나운규에게 과감히 심 봉사 역을 맡겼다. 남자 주인공이라니! 믿기지 않았다. 그날로 나운규는 한 맹인의 집을 찾아가 며칠 동안 맹인의 생활을 꼼꼼히 관찰했다. "레디, 액션!" 촬영이 시작되자 곳곳에서 탄성이 터져 나왔다. "나 군이 저렇게 연기를 잘하다니!"

1925년 3월, 조선 극장에서 개봉한 〈심청전〉은 '졸작 중의 졸작'이라는 혹평을 당했고, 영화사는 문을 닫았다. 하지만 나운규의 연기만은 엄청난 호평을 받았다. 나운규는 영화판을 떠돌며 〈심청전〉이 실패한 이유를 따져 보았다. 영화가 성공하려면 무엇보다 재미있어야 하고, 장면과 장면의 연결이 매끄러워야 했다. 또 지루하지 않게 장면마다 속도감이 달라야 했다. 대본과 연출이 얼마나 중요한지 깨달은 나운규는 도서관에 파묻혀 외국의 유명 연극과 영화의 대본을 팠다.

1926년, 나운규는 일본인이 차린 '조선키네마 프로덕션'에 들어갔다. 첫 작품은 애정 영화인 〈농중조〉였다. 나운규는 남자 주인공의 친구, 공진삼 역을 맡았다. 그런데 대본을 꼼꼼히 읽어 보니 고치고 싶은 장면이 많았다. 나운규는 작가를 찾아가 공진삼이 나오는 장면을 고치고 싶다고 설득했다. 그해 6월, 단성사에서 개봉한 〈농중조〉는 큰 성공을 거두었다. 특히 나운규의 연기는 "힘 있고 선 굵은 나 군의 공진삼 연기만으로도 그가 배우로서 얼마나 풍부한 소질을 가지고 있는지 알 수 있다."는 대대적인 호평을 받았다. 이제 나운규는 조선 영화계가 인정하는 성격파 배우로 우뚝 섰다.

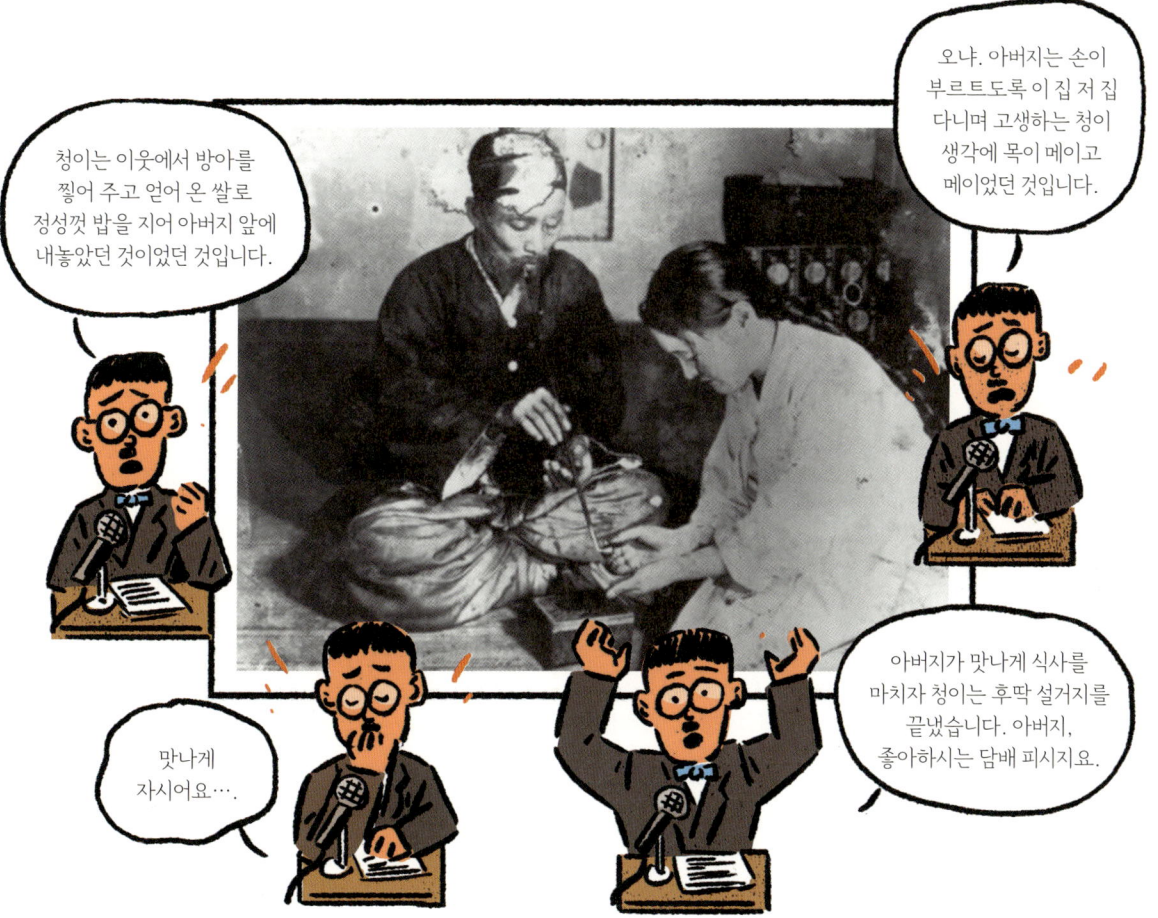

조선 최고의 스타가 되다

조선키네마 사장은 나운규가 대본을 고쳐 공진삼에게 생동감을 불어넣어, 〈농중조〉가 성공했다고 보았다. "자네가 두 번째 대본을 써 주게. 원하는 건 딱 하나. 잘 팔리는 작품!" 나운규는 영화사에서도 인정한 '영화인 나운규'가 너무도 대견했다. 마음을 다잡고 "독립 만세의 충격-미치광이-여동생-마름⋯."이라고 써 내려갔다. 며칠 뒤, 나운규는 〈아리랑〉 대본을 사장 앞에 놓았다. "최고야! 이대로 찍자!" 사장은 각색, 감독, 주연까지 맡겼다.

나운규는 〈아리랑〉에 우리 민족의 설움과 아픔, 독립에 대한 바람을 모두 녹이기로 했다. 먼저 우리 민족이 겪는 참혹한 현실이 도드라지게 마름이 여동생을 겁탈하려는 장면을 넣었다. 마름은 민족을 괴롭히는 친일파를, 여동생은 일제와 친일파에게 짓밟히는 우리 민족을 의미했다. 미치광이 오빠가 마름을 죽이면서 정신이 돌아오는 장면은 광복이 되는 걸 뜻했다. 그리고 〈아리랑〉 노래를 상영 중간에 직접 부르기로 했다.

1926년 10월, 조선 팔도는 〈아리랑〉 물결로 출렁였다. 신문과 잡지는 "일본 번안물과 연애물이 판치는 영화판에서 〈아리랑〉은 민족 영화의 신호탄이 되었다.", "노래 〈아리랑〉은 민족의 노래가 되었다."며 호평 기사를 쏟아 냈다. 그리고 오롯이 영화 한길만을 달려온 스물다섯의 나운규는 조선 최고의 스타가 되었다.

아리랑 아리랑 아라리요, 아리랑 고개로 넘어간다.
나를 버리고 가시는 님은 십 리도 못 가서 발병 난다.
청천 하늘엔 잔별도 많고 우리네 가슴엔 수심도 많다.
풍년이 온다네 풍년이 와요, 이 강산 삼천리 풍년이 와요.
문전의 옥답은 다 어디로 가고 쪽박의 신세가 웬 말이냐.

한국 영화의 전설이 되다

〈아리랑〉에 이어 나운규가 대본, 감독, 주연을 맡은 〈풍운아〉도 성공했다. 잇따라 세 작품이 터지자 나운규는 툭하면 동료들 의견을 무시했다. 하나 둘 영화사를 떠났다. 윤봉춘을 데려와 〈야서〉를 찍었다. 그러나 검열에 걸려 15퍼센트를 잘라 낸 채 개봉하는 바람에 흥행에 실패했다. 결국 영화사와 틀어져 1927년 '나운규 프로덕션'을 차렸다. 첫 작품 〈잘 있거라〉는 성공했다. 하지만 다음 작품인 〈사랑을 찾아서〉, 〈벙어리 삼룡〉 등이 연달아 실패하는 바람에 1929년 영화사는 문을 닫았다. 나운규의 이름도 땅에 떨어졌다.

1930년 〈아리랑〉 후편이 성공해 녹슬지 않았다는 평을 들었지만, 영화계는 갈수록 침체의 늪에 빠졌다. 1936년 〈아리랑 3편〉을 발성 영화로 만들었으나 반응은 싸늘했다. 결핵까지 걸린 나운규는 몸과 마음을 추슬러 제대로 된 작품을 남기고 싶었다. 1937년 1월, 단성사에서 나운규가 각색과 감독을 맡은 〈오몽녀〉를 개봉했다. "〈아리랑〉의 정신을 이은 작품", "민족의 처지를 성찰한 작품"이라는 호평이 이어졌다. 그러나 그해 8월 9일, 세상을 떠나 〈오몽녀〉가 마지막 작품이 되고 말았다. 1941년 태평양 전쟁을 일으킨 일제는 군수품을 만든다며 상영이 끝난 필름을 녹여 금속을 얻었다. 이때 〈아리랑〉 필름도 사라졌다. 그리고 〈아리랑〉과 나운규는 한국 영화의 전설이 되었다.

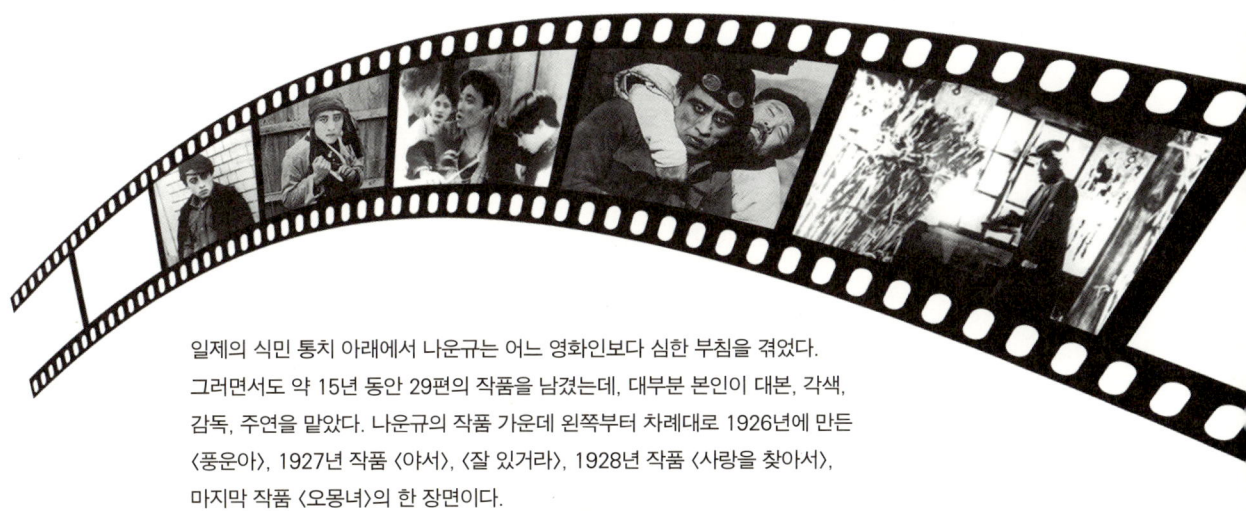

일제의 식민 통치 아래에서 나운규는 어느 영화인보다 심한 부침을 겪었다. 그러면서도 약 15년 동안 29편의 작품을 남겼는데, 대부분 본인이 대본, 각색, 감독, 주연을 맡았다. 나운규의 작품 가운데 왼쪽부터 차례대로 1926년에 만든 〈풍운아〉, 1927년 작품 〈야서〉, 〈잘 있거라〉, 1928년 작품 〈사랑을 찾아서〉, 마지막 작품 〈오몽녀〉의 한 장면이다.

나를 아는 데 필요한 정보 ⑦

1. 나 신채호는 1880년 11월 7일 충남 대덕에서 태어나 1936년 2월 21일 중국 다롄의 뤼순 감옥에서 순국했다.
2. 고집불통, 대쪽 같은 성정에 아주 예민했다. 하나뿐인 조카가 친일파와 결혼하자 손가락을 잘라 보이고 인연을 끊었다.
3. 체구는 작고 볼품없었으나, 책 읽기를 무척 좋아했다. 또 글솜씨 하나는 최고였다.
4. 고조선, 고구려 유적지를 직접 돌아보고 쓴 《조선상고사》, 《조선상고문화사》, 《조선사연구초》는 근대 민족주의 역사학의 새 지평을 열었다는 평가를 받는다.
5. 내가 쓴 무정부주의 이론인 〈조선 혁명 선언〉은 일제 강점기 나온 선언서, 선언문 가운데 백미로 꼽힌다.
6. 글쓰기에 엄격하여 마음에 차지 않으면 찢거나 불태워 버렸다.
7. 골초 중의 골초였다. '국채 보상 운동' 때 담배를 끊고 돈을 모아 냈다고 하자, 사람들은 "쥐가 고양이를 잡아먹었다는 소리를 믿으면 믿었지, 그대가 담배를 끊은 걸 못 믿겠다."고 했다.

> 역사를 잊은 민족은 다시 살아날 수 없다!

신채호

나라를 사랑하려거든 역사를 읽어라

누군가는 나를 역사가라고 불러. 누군가는 언론인, 또 누군가는 민족주의자, 무정부주의자, 혁명가라고 하지. 두리뭉실하게 독립운동가라고 부르는 이도 있고. 그만큼 내가 걸어온 길이 넓고도 깊다는 것을 뜻해. 난 민족의 독립을 위해서는 '어떤 하나'가 되기보다 '모두 무엇'이 되어야 한다고 믿었어. 나에게 모든 사상과 행동은 오로지 독립운동을 위한 방법이고 수단이었기 때문이야. 하지만 단 한 번도 민족의 '독립', '자유', '주체성', '투쟁'이라는 원칙과 신념을 놓지 않았어. 난 이 모든 걸 우리 역사에서 배웠단다. 그래서 죽는 순간까지도 역사 연구의 끈을 놓지 않았어. 여러분도 드넓은 만주 벌판을 지배하던 고구려와 발해, 수준 높은 문화를 일본에 전해 준 백제를 떠올려 봐. 외적을 무찌른 을지문덕, 이순신 장군도. 자신도 모르게 우리 역사에 대한 자긍심과 나라 사랑하는 마음이 용솟음칠 거야.

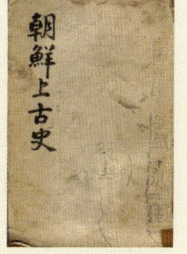

신채호는 우리 역사를 '민족적인 것과 비민족적인 것', '주체적인 것과 사대적인 것', '혁명적인 것과 보수적인 것' 사이의 투쟁으로 보았다. 이런 신채호의 사상이 잘 담겨 있는 게 바로 《조선상고사》이다. 《조선상고사》는 단군 조선부터 고구려, 백제, 신라 삼국 시대까지 우리 고대사를 다룬 역사책으로, 1931년 《조선일보》에 〈조선사〉라는 제목으로 연재했다. 그런데 고대사에서 연재를 멈추는 바람에 《조선상고사》로 불리게 되었다. 1948년 종로서원에서 펴낸 《조선상고사》 초판본이다.

죽으로 끼니를 때워도 책이 좋아

몰락한 양반가에서 태어난 신채호는 일찍 아버지를 여의고 할아버지와 형 밑에서 자랐다. 죽으로 끼니를 때울 만큼 가난했지만, 할아버지는 신채호가 집안을 일으키기를 바라며 여섯 살 때부터 글을 가르쳤다. 열세 살 때 《사서삼경》과 《통감》을 떼어 신동 소리를 들었다. 사간원의 정언 벼슬까지 지낸 할아버지는 더는 가르칠 게 없다며 손을 저었다.
신채호는 세상에서 책 읽는 게 가장 행복하고 즐거웠다. 하지만 집에는 더는 읽을 책이 없었다. 친척네 책까지 모조리 읽어 치웠지만, 책에 대한 갈증은 깊어만 갔다. 1898년 어느 날, 할아버지가 먼 길을 떠나야 하니 준비하라고 했다. 자신이 사는 고두미 마을을 벗어나 본 적이 없는 신채호는 바깥세상에 대한 호기심에 가슴이 두근거렸다. 반나절을 걸어 목천의 어느 솟을대문 앞에 섰다. "이조 판서를 지낸 신기선 대감 댁이니라." 그제서야 할아버지의 뜻을 알아차렸다.
신채호는 방 안을 가득 채운 책 앞에서 넋을 잃었다. 그날부터 틈만 나면 신기선네로 달려갔다. 무엇보다 신학문 책들에 온통 마음을 빼앗겼다. 책에 나오는 새로운 세상 속에 자신이 서 있는 상상만 해도 신이 났다. 얼마 안 가 신기선네 책도 모조리 읽어 버렸다. 신기선은 제대로 다 읽었는지 보려고 아무 책이나 꺼내 묻곤 했다. 그때마다 신채호는 거침없이 대답했다. "놀랍구나. 시골에서 썩기에는 재주가 너무도 아깝다…."

새로운 세상, 새로운 바람

1898년 신기선의 추천으로 성균관에 들어갔다. 성균관은 조선에서 가장 수준 높은 유학을 가르치는 교육 기관이었다. 신채호는 당대 최고 학자인 이남규, 애국 계몽 사상가인 유인식 등에게 가르침을 받았다. 이남규는 틈만 나면 "강대국들이 이 땅을 노리는데, 그저 옛 성현의 글귀나 읽고 있으니…. 자네는 나처럼 살지 말게."라며 애국심을 심어 주었다. 얼마 안 가 스승과 학생들 입에 신채호의 재능과 됨됨이가 오르내렸다.

그해 10월, '독립 협회'에 가입했다. 그달 말 종로는 독립 협회가 연 '만민 공동회'로 발 디딜 틈이 없었다. "개인도 줏대가 있어야 하거늘, 하물며 나라가 오늘은 이 나라, 내일은 저 나라 눈치 보며 줏대 없이 굴어야 하겠소?" 만민 공동회의 열기가 뜨거워질수록 신채호의 가슴도 뜨거워졌다. 하지만 황국 협회가 보낸 보부상의 습격으로 난장판이 되었다. 나라를 위기에 빠트린 지배층과 외세에 대한 분노가 치솟았다.

신채호는 실력을 더 기르고 때를 기다려야 한다고 생각해 다시 공부에 매달렸다. 청나라에서 들여온 서양 책,《동사강목》같은 우리 역사책, 세계 여러 나라의 역사책들을 찾아 읽었다. 책에 빠지면 며칠씩 세수도 안 하고, 친구와 만나 이야기하면서도 책을 읽었다. 성균관에 없는 책은 틈나는 대로 서점에 나가 읽었다. 미처 읽지 못한 책은 주인의 눈치도 아랑곳하지 않고 베껴 왔다. 장안에 신채호 이름 석 자가 뜨르르했다.

배운 것을 나누며

1901년 3년 공부를 마치고 고향으로 돌아왔다. 하지만 사람들은 나라 꼴이 어떤지 알지 못했고, 가족들은 여전히 죽으로 끼니를 때웠다. "바깥세상이 어떻게 돌아가는지 가르쳐야 해…." 신채호는 신규식 등과 신식 학교인 '문동 학원'을 열었다. "우리글이 버젓이 있는데 한문을 배우는 건, 겉은 조선 사람인데 알맹이는 중국 사람인 것과 같습니다. 알맹이까지 진짜 조선 사람이 되려면 우리글을 배워야 합니다." 신채호는 즐거운 마음으로 배운 것을 나누며 교육이 얼마나 중요한지 깨달아 갔다.

1904년 '러일 전쟁'을 일으킨 일제는 우리 땅에 강제로 일본군을 주둔시켰다. 그리고 조선의 황무지를 아무 보상도 없이 개간할 수 있는 권리를 요구했다. 신채호는 서울로 가, 조소앙 등과 일제의 침략과 황무지 개간에 동의한 대신들을 비판하는 〈항일성토문〉을 썼다. 그리고 성균관 전체 학생 이름으로 정부에 냈다. 이듬해 2월, 성균관 박사가 되었으나 교수를 포기하고 상투를 잘라 버렸다. 고향으로 내려온 신채호는 가르치는 일에 더욱 힘썼다. 어느덧 신채호는 자신의 미래보다 나라를 더 걱정하는 애국지사가 되었다.

운명처럼 붓을 들다

1905년 어느 날, 《황성신문》의 주필 장지연이 찾아와 〈항일성토문〉을 보고 신채호의 애국심과 글솜씨에 반했다며 함께 일하자고 했다. "세상을 향해 하고 싶은 말을 할 수 있는 직업이라니!" 신채호는 눈앞이 환해지면서 언론인의 길이 마치 운명처럼 느껴졌다. 논설 기자 생활은 무척 즐겁고 행복했다. 하지만 오래 가지 못했다. '러일 전쟁'에서 승리한 일제는 11월 17일, '을사늑약'을 강제로 맺었다. 신채호는 살점이 깎여 나가는 듯 아프고 원통해 마음을 추스르기가 힘들었다.

3일 뒤, 장지연이 쓴 〈시일야방성대곡(이날을 목 놓아 크게 우노라)〉이 실린 《황성신문》이 전국에 뿌려졌다. 스스로 목숨을 끊는 이가 줄을 잇고, 의병들이 일어섰다. 학생들은 등교를 거부하고, 상인들은 가게문을 닫은 채 울분을 삼켰다. 신채호는 붓 한 자루가 얼마나 큰 힘을 발휘할 수 있는지 온몸으로 배웠다. 이듬해 《황성신문》이 폐간당하자 양기탁의 주선으로 《대한매일신보》 주필이 되었다. 신채호는 단호하고 힘차고 명쾌한 논설로 일제의 만행을 파헤쳐 독자들을 달구었다. 판매 부수도 부쩍 늘었다.

우리 역사를 공부하는 데도 힘을 기울였다. 《동사강목》, 《동국통감》 같은 역사책을 읽을 때마다 힘 있게 살아 있는 역사, 민족의 혼이 담긴 역사를 연구해 나라와 민족을 바로 세워야겠다고 결심했다. 1908년 8월부터 《대한매일신보》에 〈독사신론〉을 연재했다. 기왕의 왕조 중심 역사에서 벗어나 민족 중심으로 역사를 서술한 진보적인 글로 역사학계뿐 아니라 문화계에도 엄청난 충격을 안겨 주었다. 1910년 《대한매일신보》를 그만둘 때까지 신채호는 언론인으로, 청년 민족 사학자로 이름을 떨쳤다. 또 '신민회' 등에도 참여해 국권 회복 운동도 활발히 벌였다.

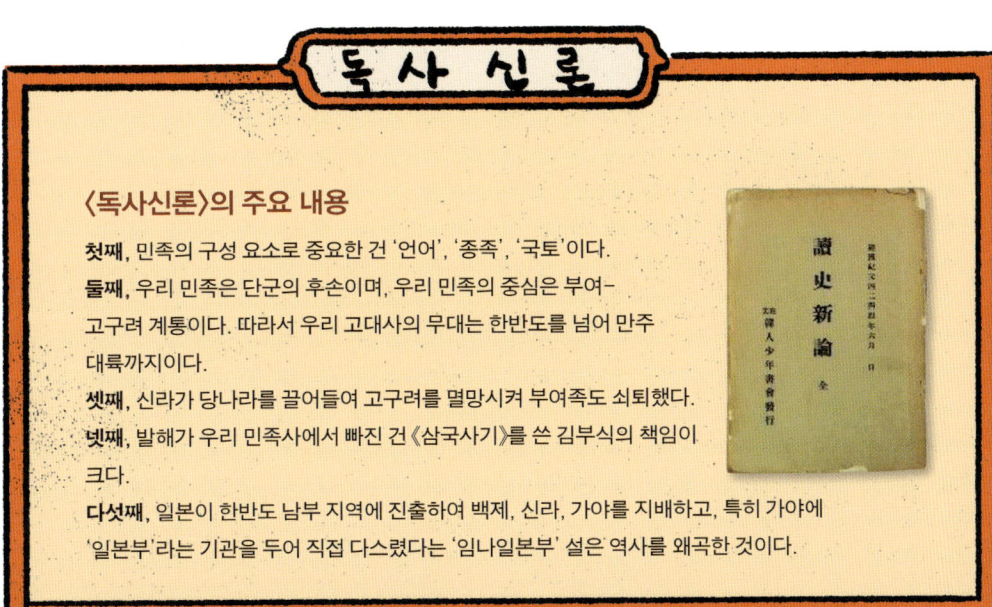

〈독사신론〉의 주요 내용

첫째, 민족의 구성 요소로 중요한 건 '언어', '종족', '국토'이다.
둘째, 우리 민족은 단군의 후손이며, 우리 민족의 중심은 부여-고구려 계통이다. 따라서 우리 고대사의 무대는 한반도를 넘어 만주 대륙까지이다.
셋째, 신라가 당나라를 끌어들여 고구려를 멸망시켜 부여족도 쇠퇴했다.
넷째, 발해가 우리 민족사에서 빠진 건 《삼국사기》를 쓴 김부식의 책임이 크다.
다섯째, 일본이 한반도 남부 지역에 진출하여 백제, 신라, 가야를 지배하고, 특히 가야에 '일본부'라는 기관을 두어 직접 다스렸다는 '임나일본부' 설은 역사를 왜곡한 것이다.

아아, 고구려!

신민회는 해외에 독립 기지를 세우려는 계획을 세웠다. 뜻을 같이하기로 한 신채호는 1910년 6월, 압록강을 건너 블라디보스토크로 갔다. 신채호의 손에는 안정복이 쓴 역사책 《동사강목》 한 질이 달랑 들려 있었다. 그해 8월, 일제가 강제로 나라를 빼앗자 신채호는 동포들이 펴내는 《권업신문》, 《해조신문》 등의 주필을 맡아 독립 의식을 북돋아 주었다. 그러나 건강이 나빠져, 1914년 대종교 교주 윤세복의 초청으로 서간도 봉천성 환인현으로 옮겼다. 환인현 가까운 지안에는 〈독사신론〉을 쓰면서 그토록 가 보고 싶어 한 고구려 유적이 있었다.

신채호는 한달음에 지안으로 달려갔다. 여기저기 무너진 무덤들이 눈에 들어왔다. "아! 고구려다, 고구려야!" 하지만 감격도 잠시, 동아시아를 호령하던 고구려의 장엄한 역사가 왜 이토록 초라하게 쪼그라들었는지, 생각만 해도 가슴이 미어졌다. 그날 이후 신채호는 "지안을 한 번 가 보는 게 김부식의 고구려사를 만 번 읽는 것보다 낫다."는 말을 입에 달고 살았다. 그리고 틈나는 대로 고조선, 부여, 고구려, 발해 유적지를 돌아보았다. 자신의 생각을 좀 더 정리해야겠다고 생각한 신채호는 1915년 베이징으로 갔다.

베이징 대학 도서관을 들락거리며 《조선사》의 틀을 닦아 나갔다. 우리 역사를 새롭게 정리하는 첫걸음을 뗀 신채호의 가슴은 벅차올랐다. 틈틈이 《중화신보》, 《북경일보》 같은 중국 신문에 한국과 중국이 힘을 합해 일제에 맞서 무장 투쟁을 벌이자는 논설을 발표했

다. 하지만 신문사에서 '의(矣)' 자 하나를 고치자 단호하게 논설을 그만두었다. 자신이 써 놓은 원고도 글자 한 자를 놓고 고민하다 불태워 버린 적이 한두 번이 아니었다. 그만큼 글을 쓸 때 자신에게 엄격했다.

무장 투쟁을 통한 자주 독립을 주장하다

1919년 3월 1일. 삼천리 방방곡곡에 울려 퍼진 "대한 독립 만세!" 소리는 시베리아로, 만주로 빠르게 퍼져 나갔다. 신채호는 당장이라도 고국으로 달려가고 싶은 마음을 누르고 상하이로 갔다. 신채호를 비롯해 이시영, 여운형 등 29명이 모여 '대한민국 임시 정부' 수립을 위한 모임을 가졌다. 4월 11일, '임시 의정원(국회)'이 구성되었고, 신채호는 의원으로 활동했다. 하지만 의원들 사이에 국무총리를 누가 맡을 것인지를 놓고 갈등이 빚어졌다. 결국 외교를 통해 독립을 이루어야 한다고 주장하는 이승만이 뽑혔다.

신채호는 "미국에 앉아서 '국제 연맹'에 위임 통치나 청원하는 이승만은 결코 안 되오. 이완용은 나라를 팔아먹었지만, 이승만은 있지도 않은 나라를 팔아먹은 역적이오!" 하고는 회의장을 나왔다. 신채호는 무장 투쟁으로 일제를 몰아내고 자주 독립 국가를 세워야 한다고 주장했다. 하지만 받아들여지지 않았다. 결국 1920년 8월, 임시 정부를 떠났다. 그리고 순한글로 《신대한》이라는 신문을 만들어 무장 투쟁론을 펴 나갔다. 하지만 《신대한》은 임시 정부의 압력으로 끝내 문을 닫았고, 신채호는 베이징으로 돌아왔다.

사상도 역사 연구도 더욱 넓어지고, 깊어지고

1922년이 저물어 가던 어느 날, 의열단 단장 김원봉이 찾아왔다. "나는 그저 세 치 혀와 붓으로 싸우는데, 지치지 않고 폭탄을 던지고 암살을 하다니, 조국은 자네들의 의로운 투쟁을 결코 잊지 않을 걸세." "선생님, 우리가 벌이는 암살과 파괴, 그 속에 들어 있는 정신을 사람들에게 일깨워 주고 싶습니다. 도와주십시오." 신채호는 상하이로 건너가 의열단원 유자명과 같이 지내며 "10만의 군대를 기르는 것이 한 발의 폭탄만 못하며, 수천 장의 잡지나 신문이 한 번의 폭동만 못하다."로 시작하는 〈조선 혁명 선언〉을 썼다. 이제 신채호에게 '민중'이 항일 투쟁의 중심 세력이 되었고, '폭력'이 혁명의 무기가 되었다. 민족주의, 무장 투쟁론에 무정부주의가 더해져 신채호의 사상은 더 넓고 깊어졌다.

신채호는 1923년부터 다시 조선사 연구에 매달렸다. 스스로에게 "역사란 무엇인가?"라는 질문을 수도 없이 던졌다. 그리고 답을 찾았다. "역사란 아(我)와 비아(非我)의 투쟁의 기록이다!" 우리 역사를 놓고 볼 때 '아'는 우리 민족이고, '비아'는 다른 민족이었다. 신채호는 우리 민족이 다른 민족과 어떻게 만나 어떻게 싸우고 어떻게 살아남았는가 하는 게 곧 우리 역사라고 보았다. 민족이 주체가 되는 민족사를 진정한 역사, 살아 있는 역사로 본 것이다. 신채호는 자신의 생각을 바탕으로 《조선사》,《조선상고문화사》,《조선사연구초》를 써 내려갔다.

뤼순 감옥 죄수 번호 411번

무정부주의를 깊이 공부한 신채호는 민중의 자유와 평등이 실현되는 '이상적인 조선'을 꿈꾸었다. 1927년에는 중국에 있는 아시아 각국의 무정부주의자들이 모여 만든 '무정부주의 동방연맹'에 들어갔다. 이들은 일제와 서양 제국주의의 침략에 맞서 싸우되, 각 민족성과 개인의 자유를 보장하는 새로운 사회를 세우기로 했다. 필요한 돈은 타이완에서 온 임병문의 주도로 우편환 6만 4천 원을 위조해, 각자 맡은 지역에서 찾기로 했다.

1928년 5월, 신채호는 유병택이라는 가명으로 타이완으로 갔다. 하지만 뭍에 오르기도 전에 일제에 붙잡혀 중국 다롄의 뤼순 감옥에 갇혔다. 죄수 번호 411번을 단 신채호는 재판정에서 당당히 주장했다. "우리 동포가 나라를 찾으려고 사용하는 모든 수단은 정당하며, 민족을 위하여 도둑질을 할지라도 부끄러움이나 거리낌이 없다."

신채호는 감옥에서도 붓을 들었다. 1931년부터 《조선일보》에 103회에 걸쳐 〈조선사〉를, 이어 37회에 걸쳐 〈조선상고문화사〉를 연재했다. 역사학계는 물론 문화계까지 민족주의 역사학의 새 지평을 열었다며 환호했다. 하지만 타고난 약골에 긴 망명 생활, 뤼순 감옥의 혹독한 추위로 건강이 급격히 나빠졌다. 그리고 1936년 2월, 뇌일혈로 쓰러져 끝내 조국의 밝아 오는 새벽을 보지 못한 채 57년의 삶을 마감했다.

아내는 산파원을 하며 생계를 꾸렸어. 굶어 죽을 지경이 되면 아이들을 고아원에 보내라고 했지. 심정이 어땠을까?

이승에서 남긴 마지막 사진이야ㅠㅠ.

뤼순 감옥에 있는 고문 도구들이야. 보기만 해도 무시무시하지?

나라를 구한 이들의 이야기를 읽고, 새로운 위인이 나타나기를 바라며 위인 이야기도 썼어. 고구려 장수 을지문덕 이야기를 담은 《을지문덕》이야.

불타오르는 민족 운동

우리 민족은 하루라도 빨리 독립을 이루려고 나라 안팎에서 힘을 모았다.
누구는 학교와 공장을 세워 민족의 힘을 기르고, 누구는 공장과 농촌에서 투쟁을 벌이고,
누구는 얼과 문화를 지키고, 누구는 총칼을 들고 전쟁을 벌였다.

의병의 불길이 전국을 휩쓸다

1905년 '을사늑약'으로 주권을 빼앗기자 최익현, 이강년, 신돌석 등이 의병을 일으켰다. 의병들은 일본군보다 수도 적고 무기도 보잘것없었지만, 치고 빠지는 유격 전술로 전국의 일본군을 괴롭혔다. 1907년에는 강제 해산당한 군인들까지 의병에 합세했다. 군인들은 전략과 전술을 가르쳤고, 이들이 가져온 신무기는 의병의 전투력을 높였다. 의병 항쟁은 의병 전쟁으로 발전했다. 1907년 12월에는 전국 의병 연합 부대인 '13도 창의군' 1만여 명이 경기도 양주에 모여 서울로 치고 들어가려고 했다. 그러나 일본군의 공격으로 실패했다. 의병 항쟁은 잠시 주춤했으나, 1909년 전라도를 중심으로 안규홍, 기삼연 의병 부대가 곳곳에서 일본군을 공격했다. 하지만 '남한 대토벌 작전'으로 더는 국내에서 의병 항쟁을 할 수가 없었다. 홍범도, 유인석 등은 부대를 이끌고 만주로 갔다.

영국의 《데일리 메일》 기자 매켄지가 1907년에 찍은 경기도 양평의 의병 모습이다. 고작 구식 화승총으로 무장하고 있던 이들은 "어차피 죽겠지요. 그러나 일본의 노예로 사느니, 자유민으로 싸우다 죽는 게 훨씬 낫습니다."라고 했다.

남한 대토벌 작전으로 전라도가 쑥대밭이 되었고, 100명이 넘는 의병장과 4100명의 의병이 총살당했대ㅠㅠ.

실력만이 살 길이다

'보안회', '대한 자강회' 같은 애국 계몽 운동 단체들이 속속 생겨났다. 이들은 앞다투어 학교를 세워 근대 지식과 정보, 우리 역사를 가르쳐 청년들을 일깨웠다. 그러면 어른들은 어떻게 가르칠까. 가장 효과적인 방법은 신문이었다. 《독립신문》에 이어 《황성신문》, 《대한매일신보》 등이 간행되었다. 신문은 새로운 지식과 정보를 실어 백성을 깨우치고, 의병들의 활약상을 전해 민족의식을 북돋웠다. 그러나 갈수록 일제의 탄압이 심해졌다. 안창호, 신채호 등은 1907년 4월, 비밀 단체인 '신민회'를 만들었다. 신민회 회원들은 대성 학교, 오산 학교 등을 세워 인재를 길러 냈다. 또 독립운동 자금을 모으고 민족 자본을 키우려고 '평양 자기 회사', '태극 서관' 같은 회사를 세웠다. 1911년에는 만주에 독립운동 기지를 마련했다.

"대한 독립 만세!"

1918년 '제1차 세계 대전'이 끝나고 미국 대통령 윌슨이 "민족의 운명은 스스로 결정한다."는 '민족 자결주의'를 발표했다. 국내외 독립운동가들은 희망에 찼다. 상하이의 '신한 청년당'은 '파리 강화 회의'에 대표를 보내 독립을 호소했다. 이어 만주의 독립운동가들이 〈대한 독립선언서〉를, 도쿄 유학생들이 〈2.8 독립선언서〉를 발표했다. 소식은 곧바로 국내에 전해졌다. 1919년 1월, 천도교계의 최린, 기독교계의 이승훈, 불교계의 한용운이 모여 평화적인 만세 운동을 계획했다. 1919년 3월 1일, 방방곡곡에 "대한 독립 만세!" 소리가 울려 퍼졌다. 해외 동포들도 일어섰다. 당황한 일제는 한국인들을 무참히 살해했다. 하지만 우리 민족의 독립 의지는 꺾이지 않았다.

3·1 운동의 규모와 사상자

집회 횟수	1542회
참가 군	전국 218군 중 203군
참가 인원	202만 3089명
사망자	7509명
부상자	1만 5961명
잡혀간 사람	4만 6948명
불탄 교회	47곳
불탄 학교	2곳
불탄 민가	715채

당시 일본 통계는 50명 이상 모인 시위만 다루었기 때문에 실제로는 이보다 훨씬 많았다.

미국 필라델피아의 독립관에서 '한인 자유 대회'를 연 뒤 시위에 나선 미주 동포들의 모습이다.

입으로만 독립이냐, 총칼을 들어라!

3·1 운동 뒤 만주와 연해주 지역에 크고 작은 독립군 부대가 100여 개나 생겼다. 이 지역에는 일찍이 고향을 떠나 삶의 터전을 일군 한국인들이 있었다. 독립군들은 한국인의 지원을 받으며 1919년 8월부터 국경을 넘어와 일제의 관공서나 부대를 공격했다. 1920년 6월, 일제는 독립군을 소탕하려고 간도로 쳐들어갔다. 홍범도가 이끄는 독립군은 봉오동에서 일본군을 크게 무찔렀다. 10월에는 김좌진, 홍범도 연합 부대가 청산리에서 일본군에 대승을 거두었다. 1920년대까지 '북로 군정서(김좌진, 이범석)', '서로 군정서(이상룡, 지청천)', '대한 독립군(홍범도, 최진동)'을 비롯한 독립군 부대가 만주를 중심으로 항일 무장 투쟁을 활발히 벌였다.

신대한의 독립군아 백만 용사야,
조국의 부르심을 네가 아느냐.
삼천리 삼천만의 우리 동포들,
건질 이 너와 나로다.

1910년대부터 만주의 독립군들이 즐겨 부른 〈독립군가〉야.

봉오동과 청산리에서 대패한 일본군은 독립군 근거지를 없앤다는 핑계로 한국인 마을을 불사르고, 한국인을 학살하는 '간도 참변'을 저질렀다. 무장 투쟁은 잠시 주춤했으나 1930년대 들어 '동북 항일 연군', '조선 의용대', '조선 혁명군' 등을 중심으로 다시 활발히 일본군에 맞서 싸웠다. 1938년 김원봉이 만든 '조선 의용대'의 모습이다.

농민과 노동자도 일어서다

1910년대 일제가 실시한 '토지 조사 사업'으로 농촌은 일본인과 한국인 대지주의 천국이 되었다. 땅 없는 농민들이 앞다투어 땅을 빌리려 하자 지주들은 소작료를 마구 올렸다. 수확량의 절반은 기본이고, 5분의 4까지 내기도 했다. 1920년대에는 조선을 식량 기지로 만들려는 '산미 증식 계획'으로 농민들의 삶은 더욱 어려워졌다. 소작인들은 소작료를 낮추거나 거부하는 운동을 벌였다. 1923년 전남 신안군 암태도에서 일어난 '암태도 소작쟁의'가 대표적이다. 노동자들도 노동 조건과 임금 인상 등을 요구하며 투쟁했다. 1929년, 원산 지역 노동자들은 "인격적인 대우를 해 달라, 하루 8시간 일할 수 있게 해 달라."고 요구하며 총파업을 벌였다.

토지 조사 사업은 토지 소유권, 가격, 생김새를 조사해 새 토지 문서를 만드는 사업이었다. 일제는 주인임을 증명하지 못한 토지, 여럿이 공동으로 이용하거나 소유한 토지 대부분을 국가 소유로 바꾸고, 이를 일본인에게 헐값에 넘겼다. 토지 조사 사업 때 사용한 측량 기구이다.

모두가 하나 되어, 신간회

민족주의자들이 펼친 실력을 길러 나라를 되찾자는 운동은 일부가 일제의 지배를 인정하는 범위 안에서 자치권을 얻자는 '자치 운동'으로 기울면서 위기를 맞았다. 노동자, 농민, 청년 운동을 이끌던 사회주의자들도 1925년 '조선 공산당'이 일제의 탄압으로 흔들리면서 국내의 독립운동은 위기에 빠져들었다. 1927년 2월, 비타협적 민족주의자들과 사회주의자들이 손잡고 독립운동에 힘을 불어넣으려고 합법적 단체인 '신간회'를 만들었다. 신간회는 식민 통치를 비판하고 소작 쟁의, 노동 운동 같은 민중 운동을 적극 지원했다. 1929년에는 '광주 학생 항일 운동'을 널리 알리려고 민중 대회를 준비했다. 일제는 이를 빌미로 신간회 간부들을 잡아들였고, 1931년 신간회는 스스로 해산했다.

1929년 11월, 등굣길에 조선 학생과 일본 학생이 충돌했어. 경찰이 일본 학생 편을 들자, 조선 학생들은 민족 차별 반대, 식민지 교육 철폐를 요구하며 대규모 시위를 벌였어.

전남 광주 제일 고등학교에 있는 '광주 학생 항일 운동 기념탑'이래.

민족 문화를 지키자!

우리말과 글을 배우기 쉽고 쓰기 쉽게 가꾸어 널리 퍼트리는 건 민족 문화를 지키는 데 아주 중요했다. 김윤경, 최현배 등은 '조선어 연구회'를 만들어 한글 사용법을 연구하고, 한글 보급에 앞장섰다. '한글'이라는 말과 '한글날'도 만들었다. 조선어 연구회는 1931년 '조선어 학회'로 이름을 바꾸고 '한글 맞춤법 통일안', '표준어', '외래어 표기법'을 제정했다. 역사학자들은 "조선은 스스로 독립할 수 없으니 누군가의 지배를 받아야 한다."는 이른바 '식민 사관'을 극복하는 데 힘을 기울였다. 박은식은 《한국 독립운동 지혈사》를 통해 일제에 맞서 벌인 독립 투쟁의 역사를 기록했다. 신채호는 《조선상고사》 등에서 고대사를 통해 외세의 도전을 물리치고 주체적으로 발전해 온 우리 민족의 역사를 그려 냈다.

나를 아는 데 필요한 정보 ❼

① 나 나혜석은 1896년 4월 18일 경기도 수원에서 태어나 1948년 12월 10일 서울에서 행려병자로 죽었다.
② 진명여자 고등 보통학교를 1등으로 졸업하여 내 사진과 기사가 《매일신보》에 실렸다.
③ 3·1 운동에 참여하여 감옥살이를 했다.
④ 김우영과 결혼하면서 내건 파격적인 결혼 조건으로 세간의 놀림과 손가락질을 받았다.
⑤ 김우영과 이혼하면서 〈이혼 고백장〉을 발표하고, 한때 연인이던 최린을 정조 유린죄로 고소하여 세상을 떠들썩하게 했다.
⑥ 《경희》를 비롯한 소설, 많은 시와 산문을 남겼는데, 대부분 여성의 권리, 주체성을 담고 있다.
⑦ 내가 그린 그림이 500여 점인데 화실에 불이 나 불타고, 6·25 때 사라져 버려 겨우 30여 점만 전한다.

나는 인간으로 살고 싶다!

나혜석

조선의 남아들아, 인형을 원하는가

우리나라 최초의 여성 서양화가, 우리나라 최초의 여성 근대 소설가, 우리나라 최초의 여성 해방 운동가, 우리나라에서 처음으로 세계를 일주한 여성, 우리나라에서 처음으로 서울에서 전시회를 연 사람…. 바로 나, 나혜석이야. 그런데 보통 '최초', '처음'이라는 단어를 떠올리면 대단하다, 훌륭하다는 생각이 먼저 들지? 물론 궁금하다, 두렵다는 생각도 들 거야. 나에게 '최초', '처음'은 남성 중심의 조선, 식민지 조선에서 세상을 시끄럽게 한 여성으로 비난받으며 외롭고 고통스럽고 처절하게 살아간 것을 뜻해. 그만큼 내가 산 시대는 여성이 온전한 인격체로 사는 게 너무도 힘들었어. 그래도 난 주저하지 않고 세상을 향해 아버지의 인형으로, 남편의 인형으로 살지 않고 한 인간으로 주체적인 삶을 살겠다고 외쳤어. 그리고 그렇게 살았어. 내가 내딛는 한 걸음 한 걸음이 세상을 바꿀 거라고 믿었거든. 오늘날 내로라하는 여성들조차 나보고 "50년은 우리보다 앞서 있는 사람."이라고 한대.

1920년 4월, 잡지 《신여자》 2호에 실린 나혜석의 〈저것이 무엇인고〉 목판화이다. 바이올린을 들고 걸어가는 신여성을 보고 두 노인은 "아따 그 계집애 건방지다. 저것을 누가 데려가나." 한다. 청년은 "고것 참 이쁘다. 장가나 안 들었더라면…. 맵시가 동동 뜨는구나. 쳐다나 보아야 인사나 좀 해 보지."라고 한다. 두 노인과 청년의 입을 통해 당시 여성에 대한 사회적인 편견을 명료하게 담아냈다.

신문에 난 여학생

나혜석은 아버지가 군수를 지낸 부유한 집안에서 태어났다. 오빠 둘이 일본에 유학할 만큼 깨인 집안이었으나, 여자라는 이유로 신식 학교에 보내지 않았다. 작은오빠 나경석 덕에 열한 살에 동생 지석과 함께 수원의 '삼일 여학교'에 들어갔다. 나혜석은 부드러우면서도 강인하고, 정직하고 총명했다. 또 그림 솜씨가 빼어나 선생들의 눈길을 끌었다. "언니는 어쩜 그림을 그리 잘 그려? 그림 그리는 게 좋아?" "응. 아름다운 걸 보면 그리고 싶어져. 그러면 눈으로 잘 보고, 마음속으로 그려 본 다음, 손으로 샤삭 그리지."

1910년 서울에 있는 '진명여자 고등 보통학교'에 들어간 나혜석은 일본어, 조선어, 역사, 산술, 음악, 수예 등 모든 과목을 잘했다. 특히 미술은 선생도 놀랄 정도로 뛰어난 솜씨를 보였다. 방학 때 집에 들를 때면 사람들은 수군거렸다. "계집애를 밖으로 내돌리면 시집보내기 어려운데…." 졸업반이 되자 집안에서는 혼인을 서둘렀다. 하지만 나혜석은 바깥세상이 더 궁금했다. 때마침 나경석이 일본에 가서 서양화를 공부해 보라고 했다.

1913년 최우수로 졸업한 나혜석의 사진과 기사가 《매일신보》에 실렸다. 그러나 신식 교육을 받으며 남부러울 것 없이 자랐지만, 나혜석은 늘 가슴 한쪽이 무거웠다. 여느 남자들처럼 아버지가 첩을 두어 어머니가 마음고생이 이만저만 아니었다. 나혜석은 생각했다. "남자나 여자나 똑같은 사람인데 남자는 마음 내키는 대로 살고, 왜 여자는 가슴만 치며 참고 살까?"

새로운 세상

그해 4월, 나혜석은 도쿄여자 미술학교 서양화부 보통과에 들어갔다. 서양 미술사와 서양 화가들의 정신을 배우고, 캔버스 위에 유화를 그리는 일은 첫 경험이자 가슴 떨리는 기쁨이었다. 새로운 세상은 미술만이 아니었다. 당시 일본에서는 "여성의 삶도 남성과 똑같이 존중받아야 한다."는 '신여성 운동'이 한창이었다. 나혜석은 《여성 운동》이라는 책을 읽으며 '자유 연애', '신여성' 같은 것에 눈떴다. 특히 "사랑이 있는 결혼은 덕이요, 사랑이 없는 결혼은 부덕이다."라는 구절은 나혜석에게 큰 울림을 주었다.

1914년 나경석이 문학적 재능이 뛰어난 최승구를 소개했다. 최승구는 이미 아내가 있었지만, 둘은 거리낌 없이 사랑했다. 1916년 최승구가 죽자, 나혜석은 크게 슬퍼하며 결심했다. "후회하지 않는 삶을 살겠다. 마음이 시키는 대로 살겠다." 마음을 추스른 나혜석은 1918년 3월, 유학생 잡지 《여자계》에 소설 《경희》를 발표했다. 여학교 선생 경희가 "여편네는 아는 게 많아야 소용없다. 아들만 쑥쑥 잘 낳으면 된다. 첩 하나 두지 못하는 사내는 졸장부이다."라는 생각을 가진 여성의 생각을 바꾸려고 노력하는 내용이었다.

나혜석은 1918년 귀국해 그림 공부를 하며, 이듬해 《매일신보》에 세시 풍속을 그린 만평 9점을 발표했다. 1920년 김우영과 결혼했는데, 결혼 조건으로 평생 변치 않고 사랑해 줄 것, 그림 그리는 걸 방해하지 말 것, 시어머니와 전 부인 딸과는 함께 살지 않을 것, 최승구의 묘비를 세워 줄 것을 요구했다. 둘의 결혼은 장안의 화제가 되었다.

 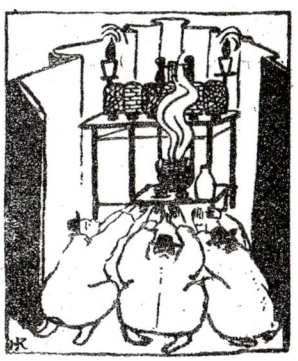

왼쪽 그림은 〈섣달 대목〉 중 설 준비로 다듬이질하는 젊은 여인들과 줄을 잡고 발 다듬이질을 하는 여인의 모습을 담았다. 오른쪽은 〈섣달 대목〉 중 초하룻날 차례를 지내는 남성들의 모습을 그린 그림이다.

내가 화가로서 공식적으로 선보인 첫 작품들이야. 제목은 〈섣달 대목〉.

제사 준비는 여성들이 다 했는데, 차례는 남자들만 지내는 모습을 통해 당시로서는 대담하게 남녀평등을 꼬집었어.

절정

1921년 3월, 나혜석은 첫 개인전을 열었다. 우리나라에서 두 번째, 서울에서는 처음 열린 서양화 개인전인데다 최초의 여성 서양화가, 임신 9개월의 몸, 3·1 운동으로 옥살이를 한 여성이라는 점이 흥미를 끌어 대성황을 이루었다. 같은 해 4월에는 《매일신보》에 연재되던 〈인형의 집〉 마지막 회에 〈인형의 가〉라는 시를 실었다. 나혜석은 이 시에서 "여자도 사람 대우를 받아야 한다."고 주장하여 세상을 떠들썩하게 했다.

미술 활동도 활발히 이어 갔다. 1922년 6월에 열린 제1회 '조선미술전람회(선전)'에 〈봄이 오다〉가 당선되었다. 이어 제3회 선전에서 〈추의정〉이 4등, 제4회 선전에서 〈낙랑묘〉가 3등에 뽑혔다. 나혜석은 조선을 대표하는 화가로 절정을 누리며 여성과 관련된 〈부인의 탄생을 축하하며〉 등을 발표해 여성 운동가로서의 모습도 활발히 보여 주었다.

하지만 "기교는 성장했으나 정신은 성장한 게 없다. 새로운 시도를 하지 않으면 더는 발전하지 못한다."는 생각에 어떤 그림을 그려도 만족스럽지 않았다. 나혜석은 새로운 기법, 미술 세계를 한 단계 끌어올릴 수 있는 무언가가 절실히 필요하다고 생각했다.

내가 인형을 가지고 놀 때 기뻐하듯
아버지의 딸인 인형으로,
남편의 아내 인형으로,
그들을 기쁘게 하는 위안을 되도다.
남편과 자식에 대한 의무같이
내게는 신성한 의무가 있네.
나를 사람으로 만드는
사명의 길을 밟아서 사람이 되고저…

제1회 선전에 당선된 〈봄이 오다〉야. 당선자 61명 중 조선인은 나까지 셋뿐이었어. 그림을 보면, 일하는 여성을 주인공으로 삼아 여성의 주체성을 담은 걸 알 수 있지? 난 늘 한국 근대 미술의 선구자라는 사명감을 잊지 않았어.

마지막 불꽃을 사르다

1927년 뜻밖의 기회가 찾아와 김우영과 함께 유럽 여행길에 올랐다. 곳곳의 미술관을 찾아 유명 화가들의 작품을 직접 보니, 절로 의욕이 솟았다. 나혜석은 파리에 머물며 그림 공부를 했다. 특히 세잔과 마티스의 그림에 흠뻑 빠진 나혜석은 빛에 의한 색감, 과감한 생략이나 과장을 통해 자신만의 개성을 담아 〈무희〉, 〈파리풍경〉 등을 그렸다. 1929년 3월 귀국한 나혜석은 '구미 사생화 전람회'라는 이름으로 개인전을 열었다.

하지만 파리에서 최린과 사랑을 나눈 게 파다하게 퍼져 1930년 이혼했다. 나혜석은 "부부가 함께 일군 재산은 공동이니 마땅히 나누어야 한다."고 했으나 김우영은 들어주지 않았다. 자식들과도 헤어져 외로움과 고통이 사무쳤다. 하지만 '미술'이라는 길이 남아 있었다. 제10회, 11회 선전에서 〈정원〉, 〈나부〉 등이 당선되자 다시 용기가 생겼다. 그러나 화단은 그림 세계가 어두워지고 우울하게 변했다며 부정적으로 평가했다.

나혜석은 1934년 〈이혼 고백장〉을 발표하고, 최린을 상대로 '정조 유린죄'에 대한 위자료 청구 소송을 걸었다. 비난이 빗발쳤지만 꿋꿋이 견디며, 그동안 그린 200여 점을 모아 이듬해 '소품전'을 열었다. 하지만 관심을 끌지 못했다. 그 뒤 나혜석은 1943년까지 수덕사에 머물며 그림을 그리고 글을 썼다. 세상도 사람들도 서서히 나혜석을 잊어 갔다. 그리고 1948년 12월, 서울 시립 자제원에서 행려병자로 쓸쓸히 세상을 떴다.

〈이혼 고백장〉에서 남자는 예사로 첩을 들이면서 여자에게만 외간 남자를 사귀지 말라며 정조를 지키라고 강요하는 건 불공평하다고 주장했지. 장안이 발칵 뒤집히고, 난 세상의 손가락질을 한 몸에 받았어.

파리에 머물면서 그린 〈무희〉야. 앞의 〈봄이 오다〉와 비교해 봐. 〈봄이 오다〉에서는 인물을 있는 그대로 정확하게 묘사했다면, 이 그림에서는 과감하게 생략하고 과장된 기법을 사용한 게 보이지?

세상과 생각을 바꾼 근대 문물

쾌애애애액!! 땅을 울리는 기적 소리에 사람들은 하늘과 땅이 뒤바뀐 듯 놀랐다. 전깃불이 번쩍번쩍 어두운 밤을 밝혔다. 말하는 기계는 천 리 밖에서도 말이 통했다. 사람들은 처음 보는 물건들이 무섭고 두려웠다. 그러나 이 물건들이 주는 편리함은 이내 사람들의 마음을 잡아끌었다. 세상도 사람들의 생각도 변해 갔다.

천 리 길을 하루 만에

1877년 수신사로 일본을 다녀온 김기수는 기차를 본 소감을 《일동기유》에 이렇게 적어 놓았다. "앞차의 바퀴가 구르면 여러 차의 바퀴가 따라서 구르게 되니 번개처럼 달리고 바람과 제비처럼 날쌔다…" 이렇게 빠른 철도는 천 리 길도 하루 만에 갔고, 사람도 물건도 순식간에 다른 곳으로 옮겨 놓았다. 또 정해진 시간에 기차를 타려고 사람들은 시계를 보고 시간을 지켜야 했다. 시간이 사람들의 생활을 다스리기 시작했다. 역마다 시계탑이 놓였고 우체국, 은행, 관공서에도 들어섰다. 기차는 시간과 공간에 대한 개념을 완전히 바꾸어 놓았다.

> 당시 "양귀(서양 귀신)는 화륜선 타고 오고, 왜귀(일본 귀신)는 철차 타고 몰려든다."는 동요가 유행했대.

일제는 철도를 놓으려고 3천만 평이 넘는 땅을 헐값에 빼앗다시피했다. 또 조선인을 데려다 하루 12시간 넘게 부려 먹었다. 삶의 터전을 빼앗기고 가혹한 노동에 시달리던 조선인들은 철도를 파괴하며 저항했다. 일제가 철도 파괴 혐의로 붙잡힌 조선인을 공개 처형하는 장면이다.

1899년 5월, 서대문—종로—동대문—청량리를 오가는 전차가 처음 개통되었다. 전차는 거리 풍경을 바꾸어 놓았다. 전기를 공급받아 도로 위를 달려야 하기 때문에 반듯한 도로가 필요했다. 또 전봇대를 세우는 과정에서 주변에 있던 초가들이 많이 사라지고 근대식 건물들이 들어섰다. 1930년대 서울 모습이다.

서울에 가면 전깃불이 번쩍번쩍

1879년 경복궁에 전등이 켜졌다. 사람들은 전등을 보고 놀라 '도깨비불'이라고 하는가 하면 소용도 없는 게 돈만 많이 든다고 '건달불'이라고도 했다. 일반 백성이 전기와 전등을 처음 본 건 1900년 한성 전기 회사가 종로에 가로등 3개를 단 때였다. 밤이 낮처럼 환해지자 활동하는 시간이 늘었다. 사람들은 가로등을 구경하려고 서울까지 올라왔다. "서울에 가면 전깃불이 번쩍번쩍."이라는 노래까지 생겼다. 전기와 함께 들어온 전신이나 전화는 그야말로 번갯불과 같아서 앉아서도 천 리 먼 길을 지척으로 만들었다.

> 처음에는 얼굴도 안 보고 이야기하는 건 예의에 어긋난다며 꺼렸고, 전화를 걸거나 받기 전에 공손히 절을 했어.

전화를 거는 사람이 전화기 옆의 손잡이를 돌려 교환원을 부르면 교환원이 상대방을 호출해 통화했다. 1896년 궁 안에 처음 설치했고, 1902년에야 시외 공중전화가 가설되었다. 당시 전화기이다.

움직이는 사진, 영화

1898년 영국인 이스트 하우스가 남대문 거리에 있는 중국인 창고를 빌려 영사기를 돌린 뒤, 이 땅에도 영화의 시대가 열렸다. 처음에는 움직이는 사진, 즉 '활동 사진'이라고 불렀다. 당시 사람들은 화면에서 사람과 사물이 움직인다는 사실만으로도 마냥 신기해했고, 마술을 부린다고 생각했다. 특히 영화 촬영은 커다란 볼거리였다. 있는 대로 꾸민 멋지고 아름다운 배우도 볼 만했지만, 구경꾼들의 눈길을 사로잡은 건 카메라였다. 사람들은 필름통 안의 요술 장치가 사람과 풍경을 고스란히 담아낸다고 여겼다. 촬영 기사들은 한 술 더 떠서 필름이 떨어지면, "수리수리 마수리." 하고 주문을 외는 척하며 사람들을 홀렸다.

당시 영화는 가장 사랑받는 대중문화였다. 하지만 외국 영화나 번안물이 대부분이었다. 이런 가운데 〈아리랑〉 같은 조선적인 정서를 담은 영화들이 나와 민족의 아픔과 설움을 어루만져 주었다. 1932년에 개봉한 〈임자 없는 나룻배〉 알림그림이다. 근대화 과정에서 몰락해 가는 식민지 백성의 모습을 사실적으로 담아 엄청난 호응을 얻었다.

중절모 쓰고, 끽다점에서 차를 마시고

예전에는 옷이 신분을 나타냈으나 이제는 돈만 있으면 누구나 좋은 옷을 입을 수 있었다. 거추장스러운 도포보다 간편한 두루마기가, 갓보다 중절모가 유행했다. 양산에 하이힐로 멋을 낸 여성도 늘었다. 식생활은 의생활보다 천천히 달라졌다. 술집에서 맥주와 양주를 팔고, '끽다점'이라는 찻집도 생겼다. 궁궐 사람들과 고관들은 서양 요리도 즐겼다. 하지만 쌀과 보리가 주식이었고, 김치와 된장, 장아찌, 젓갈 등은 없어서는 안 되었다. 주생활은 거의 변하지 않았다. 부자들도 집만큼은 한옥을 좋아해 벽돌집을 짓더라도 지붕은 기와를 올렸다. 덕수궁 석조전이나 명동 성당 같은 서양 건물은 공공 건물을 빼고는 없었다.

나를 아는 데 필요한 정보 ⓻

❶ 나 윤봉길은 1908년 6월 21일 충남 예산에서 태어나 1932년 12월 19일 일본 가나자와에서 총살당했다.
❷ 개구지고 성격이 급하고 거세어 별명이 '살가지(살쾡이)'였다. 또 어떤 내기든 반드시 이겨야 직성이 풀릴 만큼 지는 걸 싫어했다.
❸ 어머니는 나와 함께 서당에 다닐 만큼 배움에 대한 의지가 컸다. 물론 내가 공부를 안 할까 봐 걱정되어 함께 다닌 이유가 크다.
❹ 백일장이 열릴 때마다 장원을 도맡을 만큼 시에 뛰어났다. 내가 남긴 시가 300여 편 정도 된다.
❺ 열두 살 때 3·1 운동이 일어나자 일제의 식민지 교육이 받기 싫어 학교를 그만두었다.
❻ 야학, 독서 모임, 협동 조합 등을 만들어 '농촌 계몽 운동', '농촌 부흥 운동'을 활발히 벌였다.
❼ 1932년 조국을 위해 총과 칼, 폭탄이 되리라 결심하고, '한인 애국단'에 들어가 '상하이 의거'를 일으켰다.

윤봉길

중국의 백만 대군도 못한 일을 해내다

1932년 12월 어느 추운 겨울 아침. 형틀에 매달기 전 일본 검찰관이 할 말이 있느냐고 물었어. 난 짧게 "없다."고 했어. 곧이어 총소리가 울리고, 24년의 내 짧은 삶이 끝났지…. 그래. 내가 바로 루쉰 공원에서 열린 천장절 행사에 폭탄을 던져 "중국의 백만 대군도 못한 일을 조선 청년이 해냈다!"는 찬사를 들은 윤봉길이야. 그래서 대부분의 사람들은 날 뜨거운 심장을 가진 혁명가로 기억해. 하지만 난 누구보다 고향을 사랑하고 고향의 발전을 위해 노력한 농촌 운동가이기도 해. 조국과 고향은 내게 똑같은 사랑의 대상이었지만, 농민을 깨치고 잘살게 하는 게 먼저라고 생각했거든. 하지만 갈수록 일제의 감시와 탄압이 심해져 뜻처럼 쉽지 않았어. 어느 순간 가슴 한 구석에서 "더 큰일을 하고 싶다."는 열망이 가득 찼지. 난 중국으로 건너가 도시락 폭탄 의거를 일으켰어. 내가 던진 폭탄이 일제의 지배로 어두웠던 조국의 하늘을 밝히고, 꺼져 가던 독립운동의 불씨를 살렸다니 얼마나 기쁜지 모르겠어!

일제는 '상하이 의거' 뒤 8개월도 채 안 되어 일본 가나자와 육군 공병 작업장에서 윤봉길을 총살했다. 윤봉길은 죽는 순간까지 미소를 띠며 당당하고 의연했다고 한다. 일제는 윤봉길의 시신을 육군 묘지 쓰레기 소각장에 몰래 묻었고, 유해가 발굴될 때까지 짓밟고 다니는 만행을 저질렀다. 윤봉길의 유해는 1946년에야 돌아와 효창 공원에 묻혔다. 일본 가나자와 암매장 터에 세운 석비로, '윤봉길 의사 암장지'라는 글씨가 선명히 새겨져 있다.

공부 잘하는 '살가지'

윤봉길은 성격이 유난히 급해 '넓을 홍'을 읽을 때 "너브, 너브." 더듬거렸다. 그때마다 친구들은 "넓, 을, 홍. 해 봐." 하며 놀려 댔다. 글방에 안 가는 날이 많아졌다. 남편과 자신은 까막눈이지만 아들만은 가르치고 싶던 어머니는 생각 끝에 윤봉길과 함께 글방에 나갔다. 어머니 덕에 말 더듬는 버릇을 고쳤고, 얼마 안 가 글방에서 가장 총명하다는 칭찬까지 들었다. 그런데 어찌나 개구지고 굳세고 급한지 '살가지'라는 별명이 붙었다.

1918년 윤봉길은 신식 학교인 '덕산공립 보통학교'에 들어갔다. 하지만 교장도 일본 사람, 선생도 대부분 일본 사람이라 그런지 공부가 재미없었다. 막연히 "배워야 힘을 기를 수 있다."는 생각에 억지로 공부했다. 그러던 이듬해 3월 어느 날, 칼을 찬 교장 선생이 들어오더니 장터에는 얼씬도 말라고 했다. 윤봉길은 학교가 끝나기가 무섭게 장터로 내달렸다. 사람들이 헌병들에게 끌려가면서도 "대한 독립 만세!"를 외치고 있었다. 윤봉길은 가슴이 뜨거워지면서 분한 감정이 솟구쳤다. 그날로 학교를 그만두었다.

윤봉길은 1921년부터 '오치서숙'에 나가 성주록에게 유학을 본격적으로 배웠다. 학문이 깊고 기개가 높던 성주록은 민영환, 황현 같은 충신 이야기를 곧잘 들려주어 윤봉길의 마음을 흔들어 놓았다. 용돈이 생기면 《동아일보》, 《조선일보》 같은 신문, 《개벽》 같은 잡지를 사서 읽었다. 신문물에 대한 기사를 읽을 때면 윤봉길의 마음은 더 넓은 세상으로 달려갔다.

농민을 깨우치다

1926년 어느 날, 오치서숙 주위를 산책하는데 한 청년이 묘표를 한아름 안고 와서는 글을 아느냐고 물었다. 청년은 아버지의 이름이 아무개인데, 아버지 이름이 쓰인 묘표를 찾아 달라고 했다. 윤봉길은 기가 막혔다. "그대 아버지 이름은 찾을 수 있지만, 다른 무덤의 묘표까지 죄다 뽑아 왔으니, 어느 묘표가 어느 무덤에 꽂혀 있었는지 알 수가 없잖소." 남한테까지 폐를 끼쳤다며 통곡하는 청년을 바라보며 윤봉길은 생각했다. "일제보다 더 무서운 게 무식과 무지이다."

얼마 뒤, 윤봉길은 오치서숙을 나와 정종갑, 황종진 등과 자신의 사랑채에 야학당을 열었다. "가난을 좋아하고 무식을 자랑하는 이는 없습니다. 가난하다 무식하다 한탄만 하지 말고 배워서 떨쳐 일어나야 합니다!" 갑반에서는 한글을 가르쳤다. 윤봉길은 "세종 임금 한글 펴니, 스물여덟 글자. 사람마다 쉬 배워 쓰기도 편해라."라는 가사와 곡을 직접 써서 쉽게 배울 수 있게 했다. 을반에서는 역사, 산술, 과학, 농사 지식 등을 가르쳤다.

윤봉길은 짬짬이 자신의 지식과 체험을 바탕으로 《농민독본》을 써 나갔다. '부흥원'이라는 청년 단체, 독서회와 체육회도 만들었다. 마을 회관도 짓고 구매 조합도 조직해 생필품과 비료, 농약 등을 보다 싼값에 살 수 있게 했다. 농촌 계몽 운동가로, 농촌 부흥 운동가로 윤봉길의 이름이 널리 퍼져 나갔다.

1927년에 쓴 《농민독본》이다. 총3권인데, 첫째 권은 전하지 않는다. 세상을 사는 데 필요한 지식, 학생들에게 꿈과 용기를 심어 주는 내용이 중심을 이룬다. 둘째 권 6과에 실린 다음 글을 보면 농촌 운동가로서 윤봉길의 모습을 엿볼 수 있다. "독립 정신이 조선을 살리는 힘인 것처럼 농민의 공동 정신 또한 조선을 살리는 중요한 길의 하나이다. 한 사람이 하기 힘든 일도 여러 사람이 하면 해낼 수 있다…."

'장부출가생불환'

1928년 의열단원 이흑룡이 찾아왔다. 이흑룡은 침체에 빠진 상하이 '대한민국 임시 정부', 만주와 연해주에서 활동하는 독립운동 단체들의 형편을 들려주었다. 만남이 이어지면서 윤봉길은 해외로 가 일제를 무찌르는 데 앞장서리라 결심했다. 이듬해 윤봉길은 야학, 독서회, 체육회, 구매 조합을 묶어 '월진회'를 만들어 자신이 없어도 계몽 운동과 부흥 운동을 해 나갈 수 있게 했다. 일제는 월진회가 독립운동 단체가 아닌지 의심했다.

1930년 3월, 윤봉길은 '장부출가생불환(장부가 집을 떠날 뜻을 세웠으면, 어찌 다시 살아 돌아오리오.)' 7자를 남기고 고향을 떠나 만주 땅을 밟았다. 이흑룡의 소개로 독립운동가들도 만나고 동포들의 모습도 살펴보았다. 하루빨리 의열단 단장 김원봉을 만나고 싶었다. 그런데 어찌 된 일인지 이흑룡은 차일피일 미루더니 아예 모습을 감춰 버렸다. 윤봉길은 "이 한 몸 왜놈을 무찌르는 총칼이 되고, 폭탄이 되리라." 다짐하며 1931년 5월, 임시 정부가 있는 상하이로 갔다.

조국을 위해 불꽃이 되다

윤봉길은 루쉰 공원 근처에서 야채 장사를 하며 상하이에 있는 일본군의 움직임, 일제 기관, 일본인에 대한 정보를 모으며 때를 기다렸다. 1932년 1월, 이봉창이 일본에서 일 왕

에게 폭탄을 던졌다는 기사가 났다. 윤봉길의 머릿속은 '김구, 한인 애국단, 이봉창…'으로 꽉 찼고, 가슴은 뜨거워졌다. 그해 3월, 일제가 상하이를 점령했다. 때가 왔다고 생각한 윤봉길은 김구를 만났다. "선생님, 전 마음속에 사랑의 폭탄을 간직하고 있습니다. 부디 이 몸을 조국 독립에 써 주십시오!" 하지만 기회는 좀처럼 오지 않았다.

4월 20일, 루쉰 공원에서 '천장절'과 상하이 점령 축하 행사가 성대히 열린다는 기사가 났다. 참석할 일본인들은 도시락과 물병, 일장기를 1개씩 들고 오라고 했다. 4월 29일 11시 30분, 비가 부슬부슬 내리는 가운데 식이 시작되었다. 곧이어 일본 국가가 울려 퍼졌고, 순간 폭탄 터지는 소리가 루쉰 공원을 흔들었다. 일본군 사령관 시라카와 대장, 거류민단장 가와바타가 즉사하고, 일제 앞잡이 여럿이 크게 다쳤다. '상하이 의거'이다.

윤봉길의 의거는 한국인들의 항일 투쟁을 대수롭지 않게 여기던 중국 내 분위기를 단박에 바꿔 놓았다. 장제스는 "중국의 백만 대군도 못한 일을 조선 청년이 해냈다!"며 찬사를 보냈다. 임시 정부는 활기를 되찾았고, 흩어진 독립운동가들도 다시 모였다.

한편 그 자리에서 붙잡힌 윤봉길은 "대한 독립 만세!"를 외치며 헌병대로 끌려갔다. 윤봉길은 "조선 청년 윤봉길이다!"라고 당당히 말한 뒤 모든 일은 혼자 계획하고, 폭탄도 혼자 만들었다며, 귀찮게 굴면 입을 다물겠다고 했다. 사형 선고를 받은 윤봉길은 가나자와 육군 형무소에 갇혀 있다 그해 12월 19일, 총살당했다. 푸르디 푸른 스물넷이었다.

 나를 아는 데 필요한 정보 ⑦

① 나 최현배는 1894년 11월 16일 경남 울산에서 태어나 1970년 3월 23일 서울에서 죽었다.
② 모든 일에 엄격하고 한 치의 틈도 없는 대쪽 같은 성격에 하고자 하는 일은 해내고야 마는 고집쟁이였다.
③ '조선말에 미친 학도' 소리를 들을 만큼 조선어(국어) 과목을 좋아했다.
④ 우리 민족이 되살아나기를 열망하며 발표한 〈조선 민족 갱생의 도〉는 《동아일보》 업무가 마비될 정도로 폭발적인 인기를 끌었다.
⑤ 내가 지은 《우리말본》은 민족주의 정신을 바탕으로 처음으로 국어의 문법 체계를 완성했다는 평가를 받는다.
⑥ '조선어 학회 사건'으로 3년 동안 옥살이를 했다.
⑦ '한글 맞춤법 통일안', '외래어 표기법', '표준어 사정' 작업을 이끌고, 우리나라 최초의 국어사전인 《큰사전》을 펴내는 데 앞장섰다.

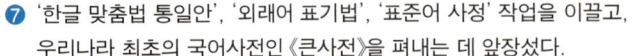

최현배

한글 연구가 내란죄라니!

여러분이 지금 보고 있는 책을 한번 볼래? 왼쪽에서 오른쪽으로 읽는 '가로쓰기'이지? 또 신문 있으면 찾아봐. 순 한글이지? 자랑 같지만 '가로쓰기', '한글만 쓰기' 모두 내가 이론을 세운 거야. 그뿐인가? 수학에서 배우는 지름, 반지름, 반올림, 마름모꼴, 짝수, 홀수, 덧셈, 뺄셈… 과학책에 나오는 암술, 수술, 피돌기 같은 순 우리말도 모두 내 손길을 거쳐 나왔어. 눈치챘군. 그래, 난 한글학자야. 난 우리말과 글은 곧 민족의 정신이자 생명이라고 여겼어. 그래서 일제가 민족 정신을 말살하려고 우리말과 글을 못쓰게 할 때 한글을 갈고닦는 데 온 힘을 기울였지. 내게 한글 연구는 독립운동이었거든. 생각해 봐. 무엇으로 민족정신을 일깨우고, 물려주겠어. 바로 말과 글이잖아? 그래서 일제는 나와 한글학자들을 '내란죄'라는 어마어마한 죄를 뒤집어씌워 감옥에 가둔 거야. 작은 바람이 있는데, 내가 평생 지켜 온 우리말과 글을 더 아름답고 풍성하게 가꾸어 줘.

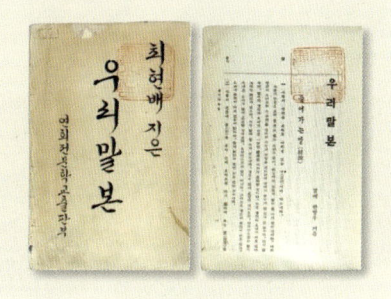

1937년에 펴낸 《우리말본》 초판본이다. 최현배는 민족정신을 지키고 일제의 지배에서 벗어나려면 먼저 국어의 어법을 바로 세우고 체계적으로 정리해야 한다고 생각했다. 18년 연구 끝에 내놓은 《우리말본》은 처음으로 한국어의 어법, 문법 체계를 독창적으로 집대성하여, 국어학을 세계적인 수준으로 끌어올렸다는 평가를 받는다. '말본'은 '문법'이라는 뜻이며, 최현배는 한글의 문법을 '소리갈(음성학)', '씨갈(품사)', '월갈(낱말, 문장)'로 나누어 속속들이 정리했다.

조선말에 미친 학도

최현배는 아버지가 "현배 공부 많이 못 하게 하라."고 유언할 정도로 몸이 약했다. 그래서 어머니는 서당 공부도 남들 반만큼만 하게 하고, 밤에는 호롱불도 안 켰다. 그래도 신동 소리를 들을 만큼 공부를 잘했다. 무려 8년이나 서당을 다닌 최현배는 1907년 '일신 학교'에 들어갔다. 체조, 일본어, 산술 같은 신학문은 최현배의 호기심을 한껏 자극했다. 특히 더하고, 빼고, 나누고, 곱하면 틀림없이 답이 나오는 산술이 제일 재미났다. 졸업할 무렵에는 '산술 박사' 소리까지 들었다.

1910년 최현배는 수재들이 모이는 '한성공립 보통학교'에 들어갔다. 학비가 무료인데다 졸업생 가운데 1명을 뽑아 나랏돈으로 일본 유학을 보내 주는 데 끌렸다. 조선어 과목을 제일 좋아했다. 하지만 그해 일제의 식민지가 되자, 학교에서는 조선어 수업을 소홀히 했다. 최현배는 조선어를 제대로 배울 만한 곳을 찾았다. 이듬해 9월, 주시경이 보성중학에서 매주 일요일 '조선어 강습원'을 연다고 하자, 득달같이 달려가 등록했다.

학교 공부에 강습원에 하루도 쉬는 날이 없었지만, 우리말과 글을 배우는 즐거움에 피곤한 줄도 몰랐다. "진정으로 독립하려면 국토와 국민, 언어가 있어야 하며, 나라를 굳게 세우려면 우리말과 글을 다듬고 보전해야 한다."는 주시경의 가르침은 최현배에게 큰 울림을 주었다. 어느 날부터 친구들은 최현배를 '조선말에 미친 학도'라고 불렀다.

더 넓게, 더 깊게, 더 많이

"우리말과 글을 연구하고 가르치는 데 평생을 바치겠어. 그러려면 공부를 더 해야 해." 최현배는 1915년 조선 총독부 장학생이 되어 히로시마 고등 사범 학교에 들어갔다. 그리고 1919년 3월, 일본어와 한문, 수신 교사 자격증을 안고 귀국했다. 1년은 관립 학교 교사로 일해야 했으나, 일본어는 가르치고 싶지 않았다. 갖은 핑계를 대고 1년을 보냈다.

때마침 동래고등 보통학교에서 조선어 선생으로 와 달라고 했다. "우리말과 글을 가르치는 건 민족 정신을 가르치는 것이고, 독립운동이야!" 최현배는 밤새 쓴 교재로 학생들을 가르치며, 어법과 문법을 정리했다. 《우리말본》의 시작이다. 그런데 갈수록 우리말과 글을 효과적으로 가르칠 수 있는 방법을 찾고 싶었다. 그래서 1922년부터 교토 제국대학에서 교육학을 배웠다. 공부를 하다 보니 "나라 잃은 백성에게 자유를 찾아 주려면 어떻게 해야 할까."라는 고민에 빠졌다. 노력 끝에 졸업 논문으로 〈조선 민족 갱생의 도〉를 썼다.

1926년 귀국한 최현배는 연희 전문학교에서 조선어를 가르치며 그해 9월부터 《동아일보》에 〈조선 민족 갱생의 도〉를 연재했다. 제목 그대로 민족이 다시 살아날 수 있는 방법을 밝힌 최현배의 글은 신문사의 업무가 마비될 정도로 폭발적인 인기를 끌었다.

최현배는 민족이 살아나려면 "싱싱하고 힘찬 기운을 키우고, 다시 태어날 수 있다고 굳게 믿고, 민족적 목표와 이상을 세우고, 끊임없이 노력해야 한다."고 했다. 1930년 펴낸 초판본을 본 삼아 찍은 《조선 민족 갱생의 도》 번각본(한 번 새긴 책판을 본보기로 삼아 그 내용을 다시 새긴 책)이다.

한글 연구가 내란죄라니!

최현배는 "민족 정신을 지키려면 국어를 잘 보존해야 하고, 그러려면 통일된 표기법, 표준말, 사전이 있어야 한다."고 보았다. 학생들을 가르치는 시간 외에는 1929년부터 '조선어 학회'가 시작한 《조선말 큰사전》 편찬 작업을 이끌었다. 사전이 있다는 건 우리가 고유한 언어로 독창적인 문화를 발전시켜 온, 일본과는 다른 민족이라는 걸 뜻했다. 1937년 2월, 18년 만에 국어의 어법과 문법을 집대성한 《우리말본》을 내놓았다.

같은 해 7월, '중일 전쟁'을 일으킨 일제는 우리 민족을 더욱 탄압했다. 최현배는 우리말과 글에 대한 연구를 이어 가 1940년 《한글갈》을 펴냈다. 훈민정음의 원리와 해석, 역사, 연구사는 물론 한글 연구사, 음성 기호 표기법과 로마자화 등 훈민정음의 모든 영역을 다룬 《한글갈》은 국어학 사상 최고의 명저로 평가받는다. 《조선말 큰사전》 편찬에도 더욱 힘써 1942년 4월, 원고 일부를 출판사에 넘겨 마침내 인쇄에 들어갔다.

그러던 그해 10월, 최현배는 일본 경찰에 끌려갔다. 이어 이윤재, 이희승, 한징 등 조선어 학회 관련 학자 33명도 붙들려 갔다. 한글학자들이 한글 연구로 민족의식을 북돋자, 조선어 학회를 없애려고 일제가 꾸민 '조선어 학회 사건'이었다. 일제는 조선어 학회가 독립 운동 단체이고, 사전 편찬은 독립운동이라며 '내란죄'를 뒤집어씌웠다. 최현배는 징역 4

최현배는 감옥에서도 한글 연구의 끈을 놓지 않았다. 바로 한글 '가로쓰기'이다. 가로쓰기는 한글 기계화 작업의 이론적 근거를 마련해 한글 타자기를 탄생시켰고, 컴퓨터 자판의 토대가 되었다.

사람의 두 눈은 가로로 찢어져서 가로로 더 넓게 볼 수 있다….

세로로 내려 보는 것보다 가로로 보는 게 훨씬 쉽다. 물론 글자 간의 차이도 세로쓰기보다 가로쓰기가 보기에도 편하다. 아름답기도 더 아름답고.

연필과 종이라니, 이리 기쁠 수가! 음. 한글을 구성하는 점과 획의 높낮이를 비례에 맞추어 보자. 그러면 인쇄하기도 편리하다.

선생님께서 새끼를 줄 삼아서 점과 획, 높낮이를 분간해서 가로쓰기를 가르쳐 주시니, 엄청 쉽네요.

년을 받고 함흥 형무소에 갇혔있다 광복 이틀 뒤에 풀려났다.

대한민국 어문 정책의 틀을 마련하다

1945년 8월 15일, 광복을 맞았으나 오랫동안 일본어를 쓰도록 강요하여 학생들 대부분 한글을 읽고 쓸 줄 몰랐다. 무엇보다 국어 교과서 만드는 일이 중요했다. 그해 9월, 교과서 편찬을 책임진 문교부 편수국장이 된 최현배는 편찬 기본 방향을 다음과 같이 정했다. "첫째, 초·중등 교과서는 모두 한글로 쓰되, 한자는 필요한 경우 괄호 안에 넣을 수 있게 한다. 둘째, 모든 교과서는 가로쓰기를 한다." 최현배가 대한민국 어문 정책의 큰 틀을 마련한 셈이다.

3년 뒤 그만둘 때까지 50여 종의 교과서를 펴내며, 일본어와 한자로 된 용어를 우리말로 다듬는 일도 했다. 직경-지름, 반경-반지름, 사사오입-반올림, 능형-마름모꼴, 화판-꽃잎, 자예-암술, 우예-수술로 바꾸었다. 또 짝수, 홀수, 세모꼴, 제곱, 덧셈, 뺄셈, 피돌기 같은 익숙한 용어들도 최현배의 손길을 거쳐 나왔다. 중단한 《조선말 큰 사전》을 펴내는 일에도 힘을 기울였다. 1947년 10월 《조선말 큰 사전 1》을 펴내고, 1957년 《큰사전》이라는 이름 아래 총 6권으로 발간을 갈무리했다. 1970년 죽을 때까지 최현배는 "한글은 생명이다."라는 신념을 가지고 한글을 지키고 갈고닦은 '영원한 한글 지킴이'였다.

1977년 손자 최동식이 개발해 이름 붙인 '외솔 타자기'이다. 불편한 점이 많아 상용화되지는 않았다.

 나를 아는 데 필요한 정보 ⑦

① 나 이광수는 1892년 2월 1일 평북 정주에서 태어나 1950년 10월 25일 북한에서 죽었다고 전한다.
② 정직하고 때와 장소를 가려 처신할 줄 알았다. 마음은 여리고 섬세하고 우유부단했다.
③ 최남선, 홍명희와 함께 '조선의 3대 천재', '동경 삼재(동경에 유학한 조선의 기대주)'로 불렸다.
④ 1919년 도쿄에서 유학생들이 발표한 〈2·8 독립선언서〉를 썼다.
⑤ 《무정》은 최초의 근대 장편 소설로, 한국 문학의 새 역사를 열었다는 평가를 받는다.
⑥ 1922년 〈민족 개조론〉을 발표해 엄청난 비난을 받았다.
⑦ '수양 동우회' 사건으로 옥살이를 한 뒤, 본격적인 친일의 길로 나섰다.

일본과 조선의 조상은 한 뿌리이다.

이광수

조국과 민족에 너무도 무정했던 대문호

지독히도 가난한 집에서 태어난 난 열한 살 때 부모를 여의고 친척 집을 떠돌며 눈칫밥을 먹으며 자랐어. 그런데 억세게 운이 좋았던지 일진회 유학생에 뽑혀 일본으로 유학을 갔지 뭐야. 내 인생에 봄이 온 거지. 난 미친 듯이 새로운 학문에 빠져들었어. 무엇보다 날 매료시킨 건 문학이었어. 난 얼마 안 가 작가로 이름을 알렸고, 〈무정〉이라는 소설로 조선의 스타가 되었어. 쉬지 않고 작품을 발표하며, 식민지 조선의 지식인으로 어떻게 사는 게 옳은지 거듭 고민했지. 결국 일제에 협력하는 게 나와 우리 민족을 위한 길이라는 결론에 이르데? 조선의 천재로, 스타 작가로 이름을 날리던 내가 왜 조국과 민족을 저버렸는지 궁금하지 않아? 아마 나와 만나는 시간은 고통스러운 역사, 치욕적인 역사와 만나는 시간이 될 거야. 그래도 작은 바람이 있다면 한때 조국을 위해 내가 흘린 땀과 눈물, 한국 문학사를 새로 쓴 작가로 기억해 주었으면 하는 거야. 너무 큰 욕심인가?

1917년 1월, 어떤 독자는 신문을 구해 보려고 날마다 십 리가 넘는 길을 오갔다. 또 어떤 독자는 신문이 배달되면 신문의 소설 연재 난을 펼쳐 들고 큰소리로 읽었다. 식구들은 빙 둘러앉아 울고 웃었다. 이 신문이 바로 이광수가 연재하는 장편 소설 〈무정〉이 실린 《매일신보》였다. 〈무정〉은 당시 사람들의 마음을 뒤흔들어 놓았고, 엄청난 인기를 끌었다. 1917년에 펴낸 《무정》 초간본이다.

고아가 된 '신동 소년'

이광수는 몰락한 양반가에서 태어났다. 아버지는 놀고먹으며 집을 팔아 작은 집으로 옮겨 가며 생활을 꾸려 갔다. 나중에는 세간이며 책까지 팔아먹었다. 좋아하던 책을 팔던 날, 이광수는 펑펑 울었다. 여섯 살 때부터 서당에 다닌 이광수는 아홉 살 때 《대학》, 《논어》를 떼어 신동 소리를 들었다. 하지만 과거제가 없어져 이광수가 집안을 일으킬 길은 막막했다. 어른들은 "아깝구나. 저 아이의 재주를 쓸 데가 없으니…." 하며 안타까워했다. 열한 살 때 콜레라로 부모를 잃은 이광수는 친척 집을 떠돌았다.

1903년 어느 겨울날 길을 가는데, 한 동학 접주가 "신동 소년이네." 하더니 이광수를 자신의 집으로 데려갔다. 한 달 가량 교리를 배운 이광수는 1만 명의 교도를 이끄는 박찬명의 비서가 되었다. 어찌나 야무지게 일을 잘하는지 칭찬이 자자했다. 박찬명은 인간 평등, 민족주의 같은 걸 심어 주었다. 조국의 현실에 눈뜬 이광수는 손에서 책을 놓지 않았다. 고아가 되어 입은 상처와 자존심도 어느 정도 회복되었다.

1904년 이광수는 동학 단체인 '진보회'에 들어갔다. 그해 '러일 전쟁'이 일어나자 진보회는 '일진회'와 합쳤다. 이듬해 1월, 동학 지도자들을 따라 서울로 올라온 이광수는 기차와 전차 같은 근대 문명과 처음 만났다. 그리고 얼마 뒤, 일진회의 유학생에 뽑혀 일본으로 떠났다. 이광수의 가슴에는 "조선에서 일등이 되고, 세계에 이름을 날리는 사람이 되겠다."는 야심이 가득 찼다.

안에 탄 사람들은 밖을 구경하고, 바깥 사람들은 전차와 안에 탄 사람들을 구경하고, 참으로 신기하네. 하지만 일본의 힘으로 움직인다니, 이 나라가 어찌 될지 걱정이군.

문학에 매료되다

1906년 3월, 다이세 중학에 들어갔다. 유학 생활은 만만치 않았다. 어디를 가든 '학생'이 아니라 '조선인'이었다. 그래도 유학을 마치면 대신이든 뭐든 마음대로 될 것이라는 자신감에 찼다. 이듬해 메이지 학원 중학부 3학년에 편입한 이광수는 닥치는 대로 책을 읽었다. 무엇보다 문학에 매료되었다. 이 무렵 홍명희를 만났다. 홍명희는 문학 잡지를 사서 본 뒤 이광수에게 빌려주었고, 바이런의 시를 소개했다. 이광수는 욕망을 그대로 받아들이는 바이런의 시에 푹 빠졌다. 또 톨스토이의 무저항, 평화주의에 큰 감동을 받았다.

1908년 홍명희가 최남선을 소개했다. 그해 이광수는 첫 소설 〈사랑인가〉를 일본어로 발표했다. 《학지광》, 《소년》 같은 잡지에도 시, 소설, 평론을 한글과 일본어로 실었다. 어느새 이광수는 조선 문단의 떠오르는 작가가 되었다. 1910년 3월, 메이지 학원을 졸업한 이광수는 정주 '오산 학교' 교사가 되었다.

그해 8월, '한일 병합'으로 일제의 식민 통치가 본격적으로 시작되었다. "일본은 우리나라를 힘으로 빼앗았다. 나라를 되찾는 것도 힘이다!" 이광수는 교육으로 백성을 깨쳐 힘을 기르는 게 자신이 할 일이라 여겼다. 나라 잃은 슬픔을 담은 시와 노래를 지어 민족정신을 가르쳤다. 다른 곳까지 시와 노래가 퍼졌고, 이광수의 명성도 높아졌다.

조선인들은 유학생들에게 큰 기대를 걸었어. 유학생 가운데 나와 홍명희, 최남선이 크게 주목받았어. 세간에서는 우리 셋을 '동경삼재', '조선 3대 천재'라고 불렀어. 만평가 안석영이 그린 셋의 캐리커처야.

이광수

명문가에서 태어나 풍족한 유학 생활을 했어. 1928년~1939년까지 《조선일보》에 연재한 〈임꺽정〉 단 한 편으로 이광수와 조선 문단의 쌍벽으로 이름을 날렸어. 이광수가 친일의 길을 갈 때 난 사회주의자로 조국과 민족을 위해 싸웠어.

홍명희

이광수와 함께 한국 근대 문학의 선구자로 평가받아. 내가 쓴 〈해에게서 소년에게〉는 한국 최초의 현대시야. 홍명희가 쌍벽이라고 우기는데, 솔직히 '삼벽'이지. 내가 〈3·1 독립선언서〉 초안을 썼어. 1930년대부터 일제에 협력해 친일파라는 오점을 남겼네….

최남선

〈무정〉으로 스타가 되다

교장은 학생들에게 바이런의 시를 읽히고, 톨스토이 사상을 가르치는 이광수가 마뜩지 않았다. 결국 오산 학교를 떠나 1913년 11월~1915년 8월까지 상하이, 블라디보스토크 등을 돌며 독립운동가들을 만나고, 한인 신문의 주필로 활동했다. 1915년 9월, 이광수는 일본으로 가 와세다 대학에서 문학과 철학을 공부했다. 이듬해 가을 《매일신보》에서 글을 써 달라고 했다. 조선 총독부 기관지이다 보니 애국지사라면 꺼릴 일이었다.

이광수는 '춘원'이라는 필명으로 1916년 11월, 〈동경잡신〉을 발표했다. 서양사, 세계 지리, 진화론, 경제학, 중국과 서양 철학사, 일본 근대사 7개의 주제와 관련된 책을 소개하고 간단히 책 선정 방법을 적은 이 글은 큰 주목을 끌었다. 이어 본격적인 '근대 문학론'으로 꼽히는 〈문학이란 하오〉를 발표했다. 이광수가 《매일신보》에 글을 쓴 이유는 '문학'과 '민족의식'을 함께 담을 수 있다는 자신감, 후한 원고료 때문이었다.

그해 말, 《매일신보》에서 신년 소설을 연재하자고 했다. 신문 소설을 써 본 적이 없는 젊은이에게 연재를 맡기는 건 모험이었다. 이광수는 1917년 1월 1일~6월 14일까지 〈무정〉을 한글로 연재했다. 옥에 갇힌 아버지를 구하려고 기생이 된 영채, 여학생 선형, 영어 선생 형식의 삼각관계에 근대 문화에 대한 동경, 신교육 사상, 자유 연애 찬양 등을 담은 〈무정〉은 독자들을 웃고 울렸다. 첫 장편 소설로 이광수는 조선의 스타가 되었다.

이광수는 "소설이란 어느 시대, 어느 지역의 충실한 기록."이라고 했다. 〈무정〉에서 이광수는 반 서양풍으로 고친 전등이 빛나는 집, 남포등 불빛 아래 어둑어둑한 하숙집, 구더기가 끓는 된장국, 전차가 다니는 종로, 활동사진관, 청계천에 늘어선 기생집, 곳곳에서 눈을 부라리는 일제 헌병과 경찰의 모습 등 당시 조선의 모습을 생생히 그려 냈다.

독립운동가의 길

1918년 '제1차 세계 대전'이 끝나고 윌슨이 '민족 자결주의'를 발표하자 독립에 대한 분위기가 높아 갔다. 이듬해 1월 이광수는 유학생 11명과 함께 '조선 청년 독립단'을 만들었다. 그리고 일제에 대한 강한 저항 의식을 밝힌 〈2·8 독립선언서〉를 썼다. 이광수는 영어로 번역한 선언서를 들고 몰래 상하이로 가, 독립의 필요성을 널리 알렸다. 얼마 뒤 '대한민국 임시 정부'가 들어서자, 《독립신문》을 만들어 주필로 활동하며 안창호를 도와 〈독립운동방략사〉를 썼다.

1919년 11월, 《독립신문》에 〈일본인에게〉라는 논설을 발표했다. 이광수는 "일본보다 오랜 역사와 문화를 지닌 민족이라는 자부심을 갖고 독립운동을 해야 한다."고 주장했다. 이듬해 3월에는 '흥사단'에 들어가 안창호의 생각을 글로 옮겼다. 하지만 결핵에 걸려 1921년 3월 귀국했다. 안창호는 "귀국은 일제에 무릎 꿇는 것이며, 독립운동가로서 명예를 잃으면 백성이 따르지 않는다."며 말렸다. 그러나 이광수의 생각은 달랐다.

이광수는 일제의 지배 아래서 독립운동을 하려면 '합법적'으로 해야 한다고 보았다. 또 3·1 운동 뒤 '문화 정치'로 바꾼 일제가 망명자들이 귀국해도 엄벌하지 않겠다고 밝혀 처벌받지 않으리라 확신했다. 국경을 넘은 이광수는 신의주 유치장에 잠시 갇혔다 곧 풀려났다. 많은 지식인이 외면하고, 신문에는 이광수가 일제에 귀순했다는 기사가 실렸다. 이광수는 변하고 있었다.

〈2·8 독립선언서〉이다. 이광수는 글머리에서 한국은 4300여 년의 유구한 역사를 가진 자주 독립 국가임을 강조하여, 독립의 근거와 정당성을 주장했다. 결의문 4개 항은 다음과 같다. 첫째, '한일 병합 조약'의 폐기와 조선의 독립을 선언한다! 둘째, 민족 대회를 열 것을 요구한다! 셋째, '만국 평화 회의'에 민족 대표를 파견한다. 넷째, 우리의 목적을 이룰 때까지 영원히 일제에 맞서서 싸울 것이다!

비난과 열광 사이에서

이광수는 안창호가 흥사단 계열의 단체를 만들라고 하자 1922년 2월, 청춘 남녀의 수양을 내건 합법적 단체인 '수양 동맹회'를 조직했다. 이어 5월, 잡지《개벽》에〈민족개조론〉을 발표해 조선이 발칵 뒤집혔다. 이광수는〈민족개조론〉에서 조선 왕조에 들어와 거짓말, 게으름, 불신, 사회성 결여, 개인적인 것을 중시하는 부정적인 민족성으로 바뀌었고, 식민지가 된 것도 민족성 탓이라고 했다. 그러니 민족성을 바꾸어야만 발전할 수 있다고 주장했다.

일제보다 긴 역사와 문화를 지닌 민족이라는 자부심을 갖자던 이광수는 민족의 힘을 부정하며 민족으로부터 멀어져 갔다. 개벽사가 습격당하고, 애국지사들은 분노했다. 2년 뒤에는 몸담고 있던《동아일보》에〈민족적 경륜〉을 실어 합법적인 틀 안에서 정치, 산업, 교육 운동에 힘쓰자고 했다. 일제의 지배를 인정하는 범위 안에서 자치권을 얻자는 '자치 운동'으로 돌아선 것이다.《동아일보》불매 운동이 벌어지고, 이광수는 엄청난 비난에 휩싸였다.

하지만 누가 뭐래도 이광수는 여전히 조선 최고의 작가였다. 1924년에 발표한 소설〈재생〉은 3·1 운동 뒤 사랑과 민족을 위한 봉사 사이에서 방황하는 젊은이들을 그려 뜨거운

지지를 받았다. 1926년에는 〈마의태자〉, 1928년에는 〈단종애사〉를 《동아일보》에 연재했다. 특히 삼촌 세조에게 왕위를 빼앗긴 단종을 그린 〈단종애사〉는 독자들의 눈물샘을 자극하며 엄청난 호평을 받았다. 친일의 길로 들어서는 1938년까지 이광수는 〈흙〉, 〈유정〉을 비롯한 소설과 수많은 시, 논설을 내놓아 독자들의 사랑을 듬뿍 받았다.

친일의 길로

수양 동맹회는 1926년 '수양 동우회'로 이름을 바꾸었다. 일제는 수양 동우회를 해산하라고 했으나 안창호가 아파 아무 대책 없이 시간만 보냈다. 결국 1937년 6월부터 안창호를 비롯해 회원 180여 명이 붙잡혀 갔다. 이광수도 1937년 6월 붙들려 서대문 형무소에 갇혔다가 이듬해 말, 병보석으로 풀려났다. 그 사이 일제는 '중일 전쟁'을 일으켰다. 일제의 힘에 놀란 이광수는 독립에 대한 희망을 접기로 했다.

일제는 조선인을 전쟁에 끌어들이려고 일본과 조선은 하나라는 '내선일체'를 내세우며, 조선인을 일본인으로 만드는 '황국 신민화 정책'을 폈다. 1938년 11월, 이광수는 일부 수양 동우회 회원들과 일 왕에게 충성을 맹세하는 '전향서'를 내고 조선 신궁을 참배했다. 12월에는 '시국유지원탁회'에 참가해 "조선인이라는 고집을 버리고 일본인이 되고, 일본 정신을 가지기로 결심했다"고 밝혔다. 이듬해에는 친일 문인 단체인 '조선문인협회' 회장에 앉았다.

이광수에서 '가야마 미츠로'로

1939년 11월, 일제는 '창씨개명'을 실시하기로 했다. 이듬해 2월, 이광수는 '가야마 미츠로'로 성과 이름을 바꾸었다. 작품도 변했다. 3월부터 일본인이 내는 잡지 《록기》에 소설 〈진정 마음이 다가서야말로〉를 일본어로 연재했다. 일본 남학생과 조선 여성, 일본 남학생의 여동생과 조선 남성이 사랑하는 모습을 통해 내선일체를 담았다. 이 무렵부터 이광수는 내선일체를 강조하는 많은 논설과 수필을 일본어로 발표했다.

1941년 10월, 이광수는 일제의 침략 전쟁에 협조할 목적으로 만든 '조선임전보국단'의 생활부장이 되었다. 12월 '태평양 전쟁'을 일으킨 일제는 1943년부터 '학도 지원병 제도'를 실시해 조선의 젊은이들을 전쟁터로 끌고 갔다. 이광수는 최남선 등과 도쿄로 가 유학생들에게 "당신들이 희생하고 공을 세워야 우리 민족이 차별을 안 받고 편하게 살 수 있다. 조선 민족을 위해 전쟁에 나가라."고 강연했다.

이광수는 1940년 〈세조대왕〉, 1942년 〈원효대사〉를 한글로 쓴 것을 빼고 1943년 10월~1944년 10월까지 〈파리〉, 〈군인이 될 수 있다〉 같은 일본어 소설을 집중적으로 썼다. 그리고 이들 작품에 학병과 징병 권유 등을 담았다. 1944년 11월 발표한 〈소녀의 고백〉을 끝으로 이광수는 작품 활동을 끊고, 경기도 남양주에서 조용히 지냈다.

"나는 민족을 위해 친일했다."

1945년 8월 16일 친척이 찾아와 광복이 되었고, 서울에서 이광수의 친일 행위를 규탄하기 시작했으니 몸을 피하라고 했다. 이광수는 계속 남양주에 머물며 1947년부터 다시 펜을 들었다. 안창호의 전기 《도산 안창호》를 쓰고, 김구의 《백범일지》를 현대문으로 고치는 작업을 했다. 하지만 독립운동가의 책에 이광수의 이름은 실리지 않았다. 이어 자전적 소설 《나》의 〈소년편〉을 그해 12월에, 〈스무살 고개〉를 이듬해 10월에 펴냈다.

1948년 9월, '반민족 행위 처벌법(반민법)'이 만들어지고, '반민족 행위 특별 조사위원회(반민 특위)'가 들어섰다. 처벌이 시작되면 글을 쓸 수 없다고 생각한 이광수는 어린 시절부터 친일 행위까지 자신이 걸어온 길을 고스란히 담은 《나의 고백》을 펴냈다. 그런데 부록으로 붙인 '친일파의 변'에서 "민족의 화합을 위해 친일파를 용서하자."고 하여 수많은 사람들이 실망하고 분노했다.

1949년 2월, 반민 특위에 붙잡힌 이광수는 법정에서 "나는 민족을 위해 친일했다. 내가 걸은 길이 바른길은 아니었지만, 그런 길을 통해 민족을 위해 봉사할 수도 있다는 걸 알아 달라."고 했다. 3월 고혈압으로 풀려난 이광수는 불경을 읽으며 조용히 지내다 1950년 7월, 북으로 끌려갔다. 그리고 그해 10월 25일 죽었다고 전한다.

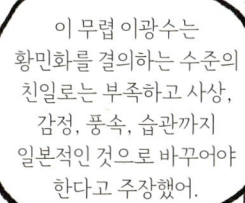

1941년 서울 효자동 집에서 글을 쓰는 이광수의 모습이다.

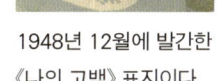

1948년 12월에 발간한 《나의 고백》 표지이다.

이 무렵 이광수는 황민화를 결의하는 수준의 친일로는 부족하고 사상, 감정, 풍속, 습관까지 일본적인 것으로 바꾸어야 한다고 주장했어.

이광수는 일제가 영원히 망하지 않으리라 생각했대. 그래서 자신처럼 유명한 사람이 일제에 협력해야 우리 민족이 덜 고통당하고, 좀 더 자유롭게 살 수 있다고 여겨 친일을 했다는군.

민족의 수난

일제의 식민 통치로 한반도는 창살 없는 감옥이 되었고, 한국인은 노예가 되었다. 일제는 우리 민족의 모든 것을 빼앗아 갔다. 땅과 산을 빼앗고, 말과 글을 빼앗고, 혼을 빼앗고, 사람까지 빼앗아 갔다. 역사 이래 우리 민족은 가장 큰 수난을 겪었다.

신고산이 우르르 함흥 차 가는 소리에
지원병 보낸 어머니 가슴만 쥐어뜯고요.
어랑어랑 어허야
양곡 배급 적어서 콩깻묵만 먹고사누나.

신고산이 우르르 함흥 차 가는 소리에
정신대 보낸 어머니 딸이 가엾어 울고요.
어랑어랑 어허야
풀만 씹는 어미 소 배가 고파서 우누나.

신고산이 우르르 함흥 차 가는 소리에
금붙이 쇠붙이 모조리 긁어 갔고요.
어랑어랑 어허야
이름 석 자 잃고서 족보만 들고 우누나.

위의 노래는 〈신고산 타령〉이다. 원래 함경도 지역에 전해 내려오는 민요였다. 일제 강점기 우리 민족은 자신들의 마음을 담은 가사로 바꾸어 부르며, 식민지 백성으로 살아가는 고통과 설움을 달랬다.

서대문 독립 공원 역사 전시관에서 본 태형 기구닷!

형판 위에 엎드리게 하고, 양팔을 좌우로 벌리게 하여 형판에 묶고, 양다리도 묶은 후 몽둥이로 볼기를 100대까지 칠 수 있다고 했어ㅠㅠ.

갑오개혁 때 비인간적인 처벌이라 하여 폐지한 태형을 일제가 오직 조선인에게만 적용하려고 '조선 태형령'을 다시 만들었지.

'한민족'임을 잊게 하라

일제는 '중일 전쟁'과 '태평양 전쟁'으로 이어지는 침략 전쟁을 치르면서 한국인을 전쟁에 끌어들이려고 민족 정신을 철저히 말살했다. '한민족'임을 잊지 않는다면 독립에 대한 꿈을

아이들은 학교에서 일본어로 된 〈국어독본〉 교과서를 놓고 일본어 읽기와 쓰기를 배워야 했다. 어린 소녀가 "쥐를 잡자."는 일본어를 연습하는 모습이다.

접지 않을 것이고, 끊임없이 일제에 맞서 싸울 것이기 때문이다. 일제는 일본인과 조선인은 하나라는 '내선일체'를 내세웠다. 성과 이름을 일본식으로 바꾸는 '창씨개명'을 강요했고, 우리말과 우리글을 없앴다. 학교에서는 일본어로 공부했고, 관공서와 각종 단체, 모임에서도 오로지 일본말만 써야 했다. 한글로 된 모든 잡지와 신문도 폐간했다. 그리고 일본 국왕에게 충성을 맹세하는 '황국 신민의 서사'를 달달 외고, 신사를 찾아 절을 하도록 했다.

일제는 한국인들에게 일본 신을 모신 신사 참배를 강요했다. 학생들이 신사를 참배하는 모습이다.

금쪽 같은 아들은 전쟁터로

일제는 모자라는 병력을 한국 청년으로 메꾸려고 혈안이 되었다. 1938년 '조선 육군 특별 지원병령'을 만들어 조선의 젊은이 1만 8천 명을 전쟁터로 끌고 갔다. 말이 지원병이지 강제로 끌고 간 것이나 다름없었다. 1943년에는 '학도 지원병 제도'를 실시해 4만 5천여 명의 학생이 전쟁터로 끌려갔다. 그러고도 모자라 1944년부터는 아예 '징병제'를 실시해 20만 명이 넘는 조선의 젊은이들을 총알받이로 내몰았다.

어머니를 걱정하는 아들의 마음과 안타깝고 애절한 어머니의 마음이 느껴지네ㅠㅠ.

학도병으로 끌려가는 아들과 배웅하는 어머니의 모습이다.

꽃 같은 딸은 공장으로, 노리개로

남자들만 끌고 가지 않았다. '학도 정신대', '근로 정신대', '근로 보국대'라는 이름으로 여성들을 공장이나 논밭으로 내몰았다. 1944년에는 '여자 정신대 근로령'을 만들어 12세~40세까지의 미혼 여성 20만 명을 군수 공장으로 끌고 가 일을 시켰다. 이 가운데는 군대 위안소로 끌려간 여성도 적지 않았다. 처음에는 공장에서 큰돈을 벌게 해 준다고 속여 끌고 갔지만, 나중에는 납치하거나 강제로 끌어갔다. 이렇게 끌려간 여성이 8만~20만 명에 이르렀다. 군대 위안소로 끌려간 위안부들은 일본군 부대가 있는 동남아시아 곳곳으로 끌려다니며 무참하게 희생되었다. 일제가 저지른 범죄 중 가장 추악하고 참혹한 범죄였다.

패전 뒤 일본군은 한국인 위안부들을 내팽개쳤다. 심지어 한데 모아 학살하는 만행도 서슴지 않았다. 남태평양으로 끌려간 위안부들이다.

일할 수 있는 자는 모두 끌고 가라!

일제는 1939년, '국민 징용령'을 실시해 15세~50세까지 남자는 모조리 전쟁터와 군수 산업 공장으로 끌어갔다. 일자리를 주고 돈을 벌게 해 준다고 했지만, 실제로는 강제로 끌고 간 것이나 마찬가지였다. 일본으로 끌려간 사람만 1백만 명이 넘었다. 한국인들은 노동 환경이 열악하고 위험해 일본인들은 가기 싫어하는 광산이나 토목 공사장에서 살인적인 강제 노역에 시달렸다. 전쟁터에서 일본군을 뒷바라지하는 군속으로 끌려간 한국인들도 많았다. 1939년 이후 15만 명 정도 끌려갔는데, 이들은 연합군의 공격에 아무런 방어 무기도 없이 목숨 걸고 일했다. 곳곳으로 끌려간 한국인들은 온갖 설움과 천대를 받으며 노예처럼 비참한 생활을 했다.

탄광에 끌려간 한국인들이 탄광 벽에 쓴 "어머니 보고 싶어요. 배가 고파요. 고향에 가고 싶다."는 한맺힌 절규야ㅠㅠ.

숟가락 하나까지

전쟁이 길어지면서 군수 물자가 부족해졌다. 일제는 포탄과 총탄을 만든다며 금붙이나 쇠붙이를 빼앗으려고 집집마다 샅샅이 뒤졌다. 금반지, 금비녀는 물론이고 가정에서 쓰는 생활필수품인 놋그릇, 놋대야, 놋요강, 심지어 놋숟저까지 강제로 징발했다. 교회와 절에 있는 종이라고 무사할 리 없었다. 심지어 군인들의 겨울 모자와 장갑을 만들 개가죽이 필요하다며 풍산개와 삽살개 같은 토종개까지 마구 끌어갔다. 건장한 사람들은 전쟁터로, 공장으로 떠나고, 힘없는 노인과 아이들은 풀뿌리나 나무껍질이라도 먹으려고 산과 들을 헤맸다.

일제는 해마다 한국에서 1천만 석 이상의 쌀을 수탈해 실어 갔다. 군산항은 '쌀의 군산'이라고 불릴 정도로 우리나라에서 생산한 쌀을 실어 나르던 대표적인 항구였다. 일본으로 실어 가려고 군산항에 쌓아 놓은 쌀가마니이다.

운동장에 줄 맞춰 서니 일본 국가가 흘러나온다. 게양대에 일본 국기인 일장기가 올라간다. 이어서 우리는 황국 신민의 서사를 외운다. "우리는 대일본 제국의 신민입니다…. 천황 폐하께 충성 어쩌고저쩌고…." 일장기를 그려 넣은 머리띠를 두르고 군가를 부르며 신사가 있는 읍으로 향했다. 일본 귀신들을 향해 허리 꺾어 절하고 학교로 돌아왔다. 우리 반에서 일본식으로 성과 이름을 바꾸지 않은 사람은 동수와 나 둘뿐이다. 우리는 매일 복도에서 두 시간씩 주먹 쥐고 엎드려뻗쳐 벌을 받는다. 선생님이 우리를 부르더니 성과 이름을 일본식으로 바꾸지 않으면 퇴학당한다고 엄포를 놓는다. 부모님을 졸라야 할지 말지 고민이다….

1937년 중일 전쟁, 1942년 태평양 전쟁을 일으킨 일제는 '전시 총동원 체제'라는 이름 아래 우리 민족을 침략 전쟁에 내몰았다. 일제의 정책을 선전하려고 만든 '국민 정신 총동원' 알림 그림이다.

일제는 어린 학생들을 동원해 곡식을 담는 가마니도 짜게 했고, 기름을 얻으려고 소나무 진이 잔뜩 엉긴 관솔 가지도 꺾어 오게 했지…

일제 강점기 때 학교에 다녔다고 상상하며 써 본 일기야.

와! 생생하다, 생생해!

나를 아는 데 필요한 정보 7

1. 나 여운형은 1886년 5월 25일 경기도 양평에서 태어나 1947년 7월 19일 서울에서 암살당했다.
2. 호방하고 담대하고 옳다고 생각한 것은 굽히지 않았으며, 따뜻하고 배려심이 깊고 합리적이라는 평을 들었다.
3. 명연설가로 이름을 날려 내가 연설할 때마다 사람들이 구름처럼 모여들었다.
4. '신한 청년당'을 만들어 '파리 강화 회의'에 김규식을 보내 조선의 독립을 호소했다.
5. 《조선중앙일보》사장으로 있을 때 손기정 선수의 '일장기 말소' 사진을 《동아일보》보다 먼저 실었다.
6. 일제의 패망이 가까워 오자 '조선 건국 동맹'을 만들어 광복을 준비했다.
7. 광복 뒤 내가 만든 '조선 건국 준비 위원회'는 당시 어지러운 정치 상황 속에서 유일하게 민중의 지지를 받았다.

> 나를 시대가 감당하지 못한 '거인'이라 불러 다오!

여운형

민족을 등불로 삼은 근대의 마지막 거인

내가 살다 간 시대는 격동의 시대였어. 철들 무렵 조선이 무너졌고, 삶의 대부분을 일제의 식민 통치 아래에서 보냈거든. 난 신학문을 익히고 기독교 활동을 하며 조선의 현실에 눈떴어. 갈수록 일제의 탄압이 거세지자 중국으로 건너가 활동하며 여러 차례 아시아를 놀라게 했지. 한마디로 스타 독립운동가가 된 거야. 난 일제가 발악할수록 광복이 머지않았다고 믿었어. 그래서 '조선 건국 동맹'을 만들어 새 나라를 세울 준비를 해 나갔어. 하지만 광복의 기쁨은 너무도 짧았어. 좌파와 우파가 다투고, 남한과 북한이 맞서고, 미국과 소련이 힘을 겨루는 어지러운 상황이 되었지 뭐야. 난 민족의 꿈인 자주 통일 국가를 세우려고 사상과 주의, 이념과 가치를 너머 모두를 끌어안으려고 노력했어. 나에게 가장 중요한 원칙과 가치는 언제 어디서나 '민족'이었거든. 민족이라는 등불이 없었다면, 난 어둡고 고통스러운 시대를 헤쳐 나가지 못했을 거야. 민족! 내게는 듣기만 해도 절로 가슴이 뜨거워지는 말이야….

여운형은 광복 뒤 크고 작은 테러를 무려 12번이나 당했다. 주로 우파 쪽에서 저지른 테러였다. 미 군정이 이승만에게 여운형에 대한 테러를 멈추라고 요구할 정도로 여운형에 대한 테러 위협은 심각했다. 1947년 7월, 여운형은 서울 혜화동 로터리에서 열두 번째 테러로 세상을 떴다. 당시 여운형이 입고 있던 흰색 겉옷이다. 오른쪽 깃에 총 맞은 뒤 토한 피 흔적이 선명하다.

더 넓은 세상을 꿈꾸다

"태양을 치마폭에 감싸 안는 꿈을 꾸었어요." "아이가 태어나면 '몽양'이라고 불러야겠구나." 어머니의 말에 할아버지 여규신이 말했다. '몽양'은 "태양을 꿈꾸다."라는 뜻이다. 여운형은 몽양을 호로 삼았는데, 이름보다 널리 불렸다. 여규신은 조선을 속국이라고 주장하는 청나라에 맞서, 비밀 단체를 만들어 활동하다 귀양을 살 만큼 애국심이 남달랐다. 여규신은 맏손자인 여운형에게 세계 지도를 놓고 조선과 중국의 역사, 세상 돌아가는 이야기를 들려주곤 했다.

1900년 '배재 학당'에 들어간 여운형은 영어, 역사, 화학, 물리 같은 신학문을 배웠다. 모든 게 신기하고 재미났다. 수영, 육상, 철봉 같은 새로운 운동도 열심히 익혔다. 강건한데다 운동 신경이 뛰어난 여운형은 금세 선수 못지않게 잘했다. 학생 단체인 '협성회'에도 들어갔다. 협성회에서는 여러 주제를 놓고 토론회를 열곤 했는데, 그때마다 푹 빠져서 토론을 벌였다.

그런데 배재 학당은 기독교 학교라 일요일에 예배에 참석해야 했다. 여운형은 신학문을 배우러 왔지 기독교를 믿으려고 온 게 아니라며 예배에 빠졌다. 결국 정학을 당했다. 흥화 학교로 옮겼다가 1903년 우편, 통신 관련 기술을 가르치는 '우무 학당'에 들어갔다. 어디를 가든 여운형은 수재로 이름을 날렸다.

독립운동에 뛰어들다

1905년 11월, 일제가 강제로 '을사늑약'을 맺었다. 졸업을 한 달 남기고 학교를 그만둔 여운형은 사람이 모이는 곳이면 어디든 달려가 을사늑약의 부당함을 알렸다. 한 친일파가 여운형의 연설을 듣고 '일진회'를 나올 만큼 여운형의 연설에는 사람을 끌어당기는 힘이 있었다. 하지만 더 큰일을 하고 싶었다. "청년들을 일깨우자. 기독교 학교는 일제의 감시를 덜 받을 거야." 1907년 기독교를 받아들인 여운형은 고향 집에 '기독교 광동학교'를 세워 신학문을 가르쳤다. 또 집안의 노비를 모두 풀어 주었다.

1909년 서울로 올라온 여운형은 '승동 교회'에 나갔다. 이회영, 안창호 등과 교류하며 독립운동에 모든 걸 바치기로 결심했다. 이듬해 8월, 우리나라는 끝내 일제의 식민지가 되었다. 1912년~1913년까지 신학을 공부한 여운형은 간도 등지를 돌며 포교 활동과 동포를 깨우치는 일에 매달렸다. 독립운동을 하는 데 기독교가 어느 정도 울타리가 되어 주었다. 하지만 갈수록 일제의 탄압이 심해져, 결국 1915년 고향 땅을 판 돈을 들고 중국으로 갔다.

1917년까지 진링 대학에서 영어와 중국어를 공부한 여운형은 상하이로 옮겼다. 영어 실력을 발휘해 해외로 유학 가려는 동포들을 도왔다. 또 조선인과 관련된 분규, 시비를 해결하는 데 앞장섰다. 얼마 안 가 동포들 사이에 여운형의 이름이 널리 퍼졌다.

승동 교회는 1893년 선교사 사무엘 포맨 무어가 오늘날 롯데호텔 근처 곤당골에서 시작했다. '애국 계몽 운동'의 산실로 불릴 만큼 수많은 독립운동가들이 거쳐 갔다. 1919년 3·1 운동 때에는 승동 교회 학생들을 중심으로 대대적인 학생 시위를 벌이기도 했다. 1913년경 승동 교회의 모습이다.

> 기독교 선교사들은 선교 활동의 하나로 배재, 이화 같은 근대적인 학교를 세워 '자유, 평등, 합리성' 같은 가치를 퍼뜨렸어. 하지만 일부 선교사들은 일제의 침략을 근대 문명의 전파로 미화하기도 했지. 또 하느님의 권위에 순종하고, 고난을 참고 견디라는 식으로 민족의 저항 의지를 꺾기도 했고.

아시아를 흔들다

1918년 '제1차 세계 대전'이 끝나고 파리에서 강화 회의가 열렸다. 여운형은 신채호, 김규식 등과 '신한 청년당'을 만들어 이듬해 1월, 김규식을 대표로 보내 조선의 독립을 호소했다. 하지만 일제의 방해로 별 성과를 거두지 못했다. 그해 4월 '대한민국 임시 정부'가 들어서자, 여운형은 외무부 차장을 맡아 외교 활동에 힘을 쏟았다.

같은 해 8월, 일본에서 여운형을 초청했다. 고민 끝에 11월 일본으로 간 여운형은 도쿄에 있는 한 호텔에서 500여 명의 기자를 모아 놓고 조선 독립의 당위성에 대해 연설해 일본을 발칵 뒤집어 놓았다. 적국 한복판에서 일본을 뒤흔든 담대함, 폭넓은 식견과 깊은 통찰력, 뛰어난 말솜씨를 갖춘 여운형은 단박에 국제적 명사로 떠올랐다.

여운형은 1920년대 들어서면서 사회주의에 관심을 가졌다. 모스크바를 방문해 "러시아 혁명"을 이끈 레닌을 만나 독립운동을 지원해 달라고 요청했다. 하지만 임시 정부는 파벌 싸움과 재정난으로 제 구실을 하지 못했다. 여운형은 중국 지도자들과 교류하며 한중이 함께 일제에 맞서자고 호소했다. 1928년에는 필리핀에서 아시아인으로는 처음으로 "핍박받는 아시아의 모든 민족이 힘을 합쳐 미영 제국주의에 맞서 싸우자."는 연설을 했다. 이 연설로 아시아가 한동안 시끄러웠다. 여운형은 일제에 잡혀 대전 형무소에 갇혔다.

'조선 건국 동맹'을 세워 광복을 준비하다

1932년 7월 풀려났지만, 국내에서는 할 수 있는 일이 거의 없었다. 법의 테두리 안에서 활동하기로 결심한 여운형은 이듬해 《조선중앙일보》 사장으로 갔다. 여운형은 전국을 돌며 민족의식과 독립 의지를 북돋우는 연설을 했다. 또 일제와 친일 세력을 비판하는 기사와 농민과 노동자, 학생들의 항일 운동을 지지하는 기사를 실었다. 1936년에는 베를린 올림픽 마라톤에서 금메달을 딴 손기정의 가슴에 단 일장기를 교묘히 지운 사진을 《동아일보》보다 먼저 실었다. 결국 꼬투리를 잡혀 사장에서 물러났다.

1937년 '중일 전쟁'을 일으킨 일제는 1941년 진주만을 기습해 미국과도 전쟁을 벌였다. 여운형은 일제가 발악할수록 광복이 머지않았다고 보았다. 그리고 광복이 되었을 때 민족의 힘으로 새 나라를 세워야 다시는 강대국에 먹히지 않는다고 여겼다. 1년여를 준비한 끝에 1944년 8월, 비밀 조직인 '조선 건국 동맹(건국 동맹)'을 만들었다.

건국 동맹은 내무, 외무, 재무부를 두고 전국으로 조직을 넓혀 나갔다. 그리고 이념과 사상을 뛰어넘어 민족주의자와 사회주의자를 한 조직으로 묶었다. 또 관공서를 습격하고, 악질 경찰을 처단하는 등 다양한 항일 투쟁을 벌였다. 새 나라 건설을 준비한 여운형의 노력이 없었다면, 광복 뒤 극심한 혼란 속에서 우리 민족은 갈 길을 잃었을지도 모른다.

조선 건국 동맹 강령
첫째, 모든 세력이 단결하여 일제를 몰아내고 조선 민족의 자유 독립을 이룬다.
둘째, 일제와 싸우는 나라들과 협력하여 '대일 연합 전선'을 이루고, 조선의 완전한 독립을 해치는 모든 반동 세력을 없앤다.
셋째, 모든 행위를 민주주의적 원칙에 따라 하고, 특히 노동 대중의 해방에 중점을 둔다.

조선 건국 동맹 3불 원칙
첫째, 건국 동맹에 대해 일체 말하지 않는다.
둘째, 어떤 문서도 남기지 않는다.
셋째, 동지들 이름을 말하지 않는다.

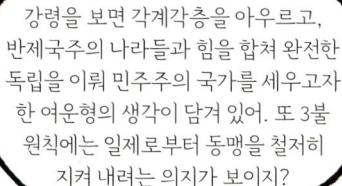

강령을 보면 각계각층을 아우르고, 반제국주의 나라들과 힘을 합쳐 완전한 독립을 이뤄 민주주의 국가를 세우고자 한 여운형의 생각이 담겨 있어. 또 3불 원칙에는 일제로부터 동맹을 철저히 지켜 내려는 의지가 보이지?

'건국 준비 위원회', 새 나라 건설에 앞장서다

1945년 8월 15일 아침. 여운형은 엔도 정무총감과 마주 앉았다. "연합국은 우리가 항복하면 조선을 해방시켜 주기로 했소." '해방', 그 한마디에 가슴이 뜨거워졌지만, 여운형은 차분히 물었다. "그래서, 나에게 원하는 게 무엇이오?" 엔도는 '치안 유지권'을 넘겨줄 테니 일본인이 귀국할 때까지 안전하게 지켜 달라고 했다. 여운형은 모든 감옥에 있는 정치범과 사상범을 즉각 풀어 줄 것, 서울 시민이 먹을 3개월치 식량을 마련할 것, 치안 유지 활동과 새 나라 건설에 일체 간섭하지 말 것 등을 요구했다.

그날 저녁 여운형은 안재홍과 손잡고 '조선 건국 준비 위원회(건준)'를 만들었다. 여운형이 위원장, 안재홍이 부위원장을 맡았다. 여운형은 새 나라를 이끌 정부는 좌파도 우파도 아닌, 좌우가 한마음으로 만든 정부여야 한다고 여겼다. 여운형의 노력으로 친일파를 제외한 좌우의 주요 정치인이 건준에 참여했다. 거의 동시에 전국에서 건준 지부가 145개나 들어섰다. 새 나라를 세우려는 국민들의 열망이 그만큼 뜨겁다는 증거였다. 9월 6일에는 바로 통치권을 넘겨받을 수 있게 '조선 인민 공화국(인민 공화국)'을 세워 정부 형태로 조직을 바꾸었다.

이승만이 주석, 여운형이 부주석, 김구가 내정부장에 뽑혔다. 이승만과 김구는 해외에 있어서 여운형이 인민 공화국을 이끌어 나갔다. 하지만 상황은 인민 공화국에 불리하게 돌아갔다. 해방 전 미국과 소련은 38도선을 경계로 미군은 남쪽, 소련군은 북쪽을 점령하기로 약속했다. 9월 8일, 미 군정청은 "남한을 대표하는 정부는 미 군정뿐."이라며 남한을 직접 다스리겠다는 뜻을 분명히 밝혔다.

조선 건국 준비 위원회 강령

첫째, 우리는 완전한 자주 독립 국가를 건설한다.
둘째, 우리는 전 민족의 정치적, 사회적 기본 욕구를 실현할 수 있는 민주주의 정권을 세운다.
셋째, 우리는 일시적 과도기에 있어서 국내 질서를 자주적으로 유지하며, 대중 생활의 확보를 약속한다.

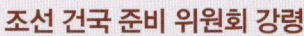

빠른 시간 안에 민족의 힘으로 민주주의 정권을 세우려는 목표가 뚜렷이 나타나 있지?

좌우 대립 속에서 자주 통일 국가를 세우려고 노력하다

우파가 여운형이 공산주의자라고 거짓 정보를 흘린 탓에 미 군정은 여운형을 좋게 보지 않았다. 게다가 박헌영이 이끄는 '조선 공산당'이 인민 공화국의 주도권을 쥐었다. 여운형은 우파를 이끄는 송진우에게 건준에 들어오라고 했다. 송진우는 거절했다. 이승만과도 협력하려고 했으나, 이승만은 송진우, 김성수 등이 이끄는 '한국 민주당'과 손잡았다. 중도 좌파를 모아 '조선 인민당'을 만든 여운형은 김구에게 인민 공화국과 임시 정부를 통합하자고 했다. 하지만 김구는 임시 정부의 정통성만 내세웠다.

1945년 말, 한반도는 '신탁 통치' 문제로 요동쳤다. 신탁 통치를 식민 통치로 여긴 사람들은 또다시 식민지가 될 수 없다며 격분했다. 김구 등 우파는 대규모 반탁 시위를 이어 갔다. 처음에 반탁을 주장하던 조선 공산당 등 좌파는 오보임을 알고는 찬탁으로 돌아섰다. 여운형은 남북을 아우르는 임시 정부를 세운 뒤, 신탁 통치 문제를 미소와 협상해야 한다고 주장했다. 하지만 좌우가 격렬히 맞서는 상황에서 여운형은 설 자리가 없었다.

임시 정부 수립을 논의하기 위해 1946년 3월, '제1차 미소 공동 위원회(미소 공위)'가 열렸다. 미소가 남북을 점령한 상황에서 자주 통일 국가를 세울 수 있는 너무도 중요한 기회였다. 여운형은 미소 공위에 기대를 걸면서도 우리 민족이 주체가 되어 통일된 민주 국가를 세우는 게 중요하다고 강조했다. 그러나 좌우 대립의 골은 더욱 깊어졌고 5월, 미소 공위는 아무 성과 없이 깨지고 말았다.

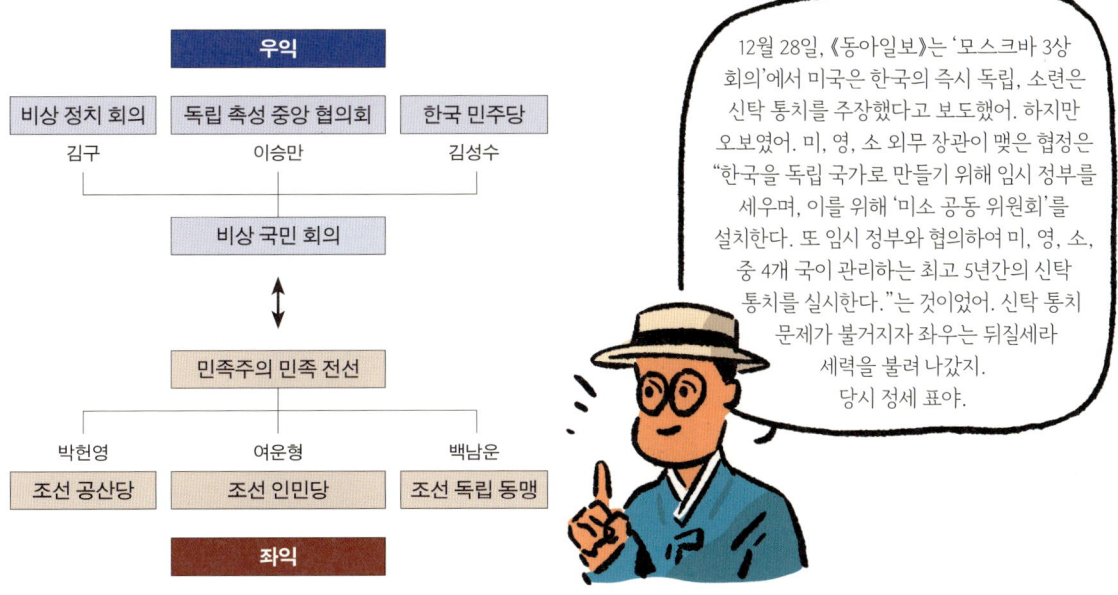

12월 28일, 《동아일보》는 '모스크바 3상 회의'에서 미국은 한국의 즉시 독립, 소련은 신탁 통치를 주장했다고 보도했어. 하지만 오보였어. 미, 영, 소 외무 장관이 맺은 협정은 "한국을 독립 국가로 만들기 위해 임시 정부를 세우며, 이를 위해 '미소 공동 위원회'를 설치한다. 또 임시 정부와 협의하여 미, 영, 소, 중 4개 국이 관리하는 최고 5년간의 신탁 통치를 실시한다."는 것이었어. 신탁 통치 문제가 불거지자 좌우는 뒤질세라 세력을 불려 나갔지. 당시 정세 표야.

'좌우 합작'을 위해 노력하다

남북이 분단될 수 있다는 위기감이 높아 갔다. 여운형은 통일 국가를 세우려면 먼저 좌우가 싸움을 멈추고, 나아가 남북, 미소의 대립을 극복해야 한다고 생각했다. 신한 청년당 시절 함께한 김규식을 찾아갔다. "나는 선생이 우파 중에서 가장 중도적이고 합리적인 분이라 생각하오. 우리 이 나라와 민족을 위해 다시 손잡읍시다!" "좋소. 몽양 선생이 중도적인 좌파를 이끌어 주시오. 나는 좌파와 대화가 가능한 중도 우파를 모아 보겠소."

1946년 7월, 마침내 좌우가 두루 참가한 '좌우 합작 위원회'가 닻을 올렸다. 그러나 곧 시련이 닥쳤다. 박헌영이 이끄는 조선 공산당은 "친일 민족 반역자를 배제할 것, 북한처럼 '무상 몰수, 무상 분배' 방식으로 토지 개혁을 실시할 것, 미 군정 자문 기관이나 입법 기관 설립에 반대할 것…." 등을 주장했다. 이승만과 우파는 "임시 정부 수립, 국민 대표 회의 소집, 친일 민족 반역자는 임시 정부 수립 뒤 특별 법정에서 처리할 것…." 등 남한만의 단독 정부 수립을 강조하는 주장을 내세웠다.

좌우 사이에 팽팽한 줄다리기가 이어졌다. 그해 10월, 여운형은 좌우의 의견을 절충하여 "임시 정부 수립, 친일파 처단, 토지 개혁, 입법 기관 설치, 미소 공위 재개…." 등 '합작 7원칙'을 발표했다. 그러나 좌우 모두 거부했다. 좌우 합작을 통해 분단을 막고, 통일 정부를 이루려던 여운형의 절망감은 이루 말할 수 없었다.

좌우 합작 운동에 대하여 대부분의 정치 세력들은 우호적이지 않았다. 김구는 반탁을 강조하면서 관망하는 입장이었고, 이승만 또한 별 다른 관심을 보이지 않았다. 좌파를 이끌던 박헌영 또한 매우 부정적으로 보았다. 좌우 합작 위원회는 결국 1947년 7월 여운형이 암살당하고 명맥을 유지하다 이듬해 10월 해체되었다. 해체할 무렵의 좌우 합작 위원회 모습이다.

> 남한이 혼란을 겪을 때 북한에서는 천지개벽이 일어났어. 토지 개혁을 실시한 거야. 주요 내용은 "일제가 가졌던 토지와 친일파, 민족 반역자들이 가진 토지, 5정보 이상을 가진 지주의 토지, 계속 소작을 주던 모든 토지를 무상으로 몰수해, 무상으로 분배한다."는 거였지. 북한의 토지 개혁은 미 군정과 남한 정치계를 바짝 긴장시켰어.

목숨과 맞바꾼 민족 통일의 꿈

1946년 12월 4일, 여운형은 모든 상황에 대한 책임을 지고 정치를 그만두겠다고 발표했다. "좌우 합작 운동은 민족 통일을 위한 첫걸음이었습니다. 그러나 현실은 거꾸로 흘러가고 있습니다. 이 어려운 상황에서 과오 많은 제가 민중 앞에 사죄하고, 이 중책에서 물러나는 게 옳다고 생각합니다." 하지만 여운형에게 한가한 휴식은 사치였다. '좌우 합작 운동'을 '남북 통일'로 발전시키려고 1946년 2월부터 여러 차례 북한을 방문해 김일성 등 북한 지도자들을 만났다. 민족의 이익을 위해서라면 어떤 사람과 사상도 끌어안아야 한다고 생각한 여운형다운 발걸음이었다.

암살당하기 한 달 전 《라이프》지에 실린 여운형의 모습이다. 《라이프》지는 "여운형은 미군과 소련군이 들어왔을 때 '건국 동맹'이라는 잘 조직된 단체를 갖고 있었다."고 했다. 여운형이 준비된 민족 지도자라는 사실을 제대로 보여 주는 예이다.

1947년 5월부터 '제2차 미소 공동 위원회'가 열렸다. 통일 국가를 세울 수 있는 마지막 기회라고 생각한 여운형은 '근로 인민당'을 창당했다. 여운형은 개회사에서 다음과 같이 강조했다. "과거 우리 민족을 팔아먹고 지금도 팔아먹으려는 친일파, 민족 반역자들은 남한만이라도 정부를 세워야 한다고 주장합니다. 우리의 목적은 이들의 음모를 깨트리고 완전한 자주 통일 국가를 세우는 데 있습니다." 그러나 여운형의 목소리는 소리 없는 메아리로 되돌아왔다. 그리고 운명의 1947년 7월 19일, 극우파와 친일파가 함께 벌인 열두 번째 테러로 "조선…."이라는 한마디를 남기고 뜨겁고 치열했던 62년의 삶을 마감했다.

나를 아는 데 필요한 정보 ⑦

① 나 김구는 1876년 8월 29일 황해도 해주에서 태어나 1949년 6월 26일 서울에서 암살당했다.
② 체격이 건장하고, 어려서부터 의협심과 정의감이 남달랐다.
③ 국모 민비를 시해한 일제에 복수하려고 일본군 밀정을 살해하여 감옥살이를 했다.
④ 27년 동안 '대한민국 임시 정부'를 지키며 '한인 애국단'을 조직해 이봉창과 윤봉길의 의거를 지휘했다.
⑤ 대한민국 임시 정부의 정규군인 '한국광복군'을 만들어 무장 독립 전쟁을 준비했다.
⑥ '신탁 통치'에 반대해 '반탁 운동'을 적극적으로 펼쳤다.
⑦ 남북 분단을 막으려고 북한으로 가 '남북 연석 회의'에 참가하고, '4김 회담'을 열었다.

김구

내가 걸은 길이 뒷사람의 길이 되리니

거짓말 좀 보태 나에 관한 책으로 커다란 도서관을 가득 채우고도 남을걸? 또 "민족 지도자로 추앙받는 인물은 누구인가?"라는 조사를 하면 서슴없이 나를 꼽는 이들이 많을 거야. 봐봐, 여러분도 고개를 주억거리잖아? 난 조국의 현실에 눈뜨고 나서부터 민족의 운명과 나의 운명을 따로 생각해 본 적이 단 한 번도 없어. 그래서 역사의 고비마다 나라와 민족을 위해 내 모든 걸 던졌지. 동학 농민 운동, 의병, 대한민국 임시 정부, 해방 뒤 통일 운동까지 내 발길과 내 숨결이 안 닿은 곳이 없어. 내가 지치지 않고 민족의 자주 독립을 위해 한길만 걸을 수 있었던 건 처음 먹은 마음을 잃지 않으려고 노력했기 때문이야. 그리고 내가 가는 길이 '바른길'이 아닐 때에는 주저 없이 돌아섰기 때문이야. 여러분에게 꼭 전하고 싶은 말이 있어. "눈 덮인 광야를 지날 때에는 모름지기 함부로 걷지 마라. 오늘 나의 발자국은 뒷사람의 길이 되리니." 지도자든 아니든 앞서가는 이는 뒤에 오는 이의 이정표가 되니까….

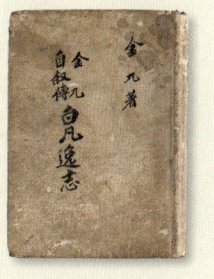

김구는 자신의 일대기를 《백범일지》 상, 하 두 권에 남겼다. 상권은 두 아들에게 집안 내력, 자신의 지난 생애를 알려 주는 내용으로 편지 형식에 담았다. 하권에는 윤봉길의 상하이 의거 뒤 언제 죽음이 닥칠지 모르는 위험한 상황 속에서 독립운동 경험, 자신의 소감 등을 적었다. 김구의 삶을 들여다볼 수 있는 기록이자, 한국 독립운동 역사를 밝혀 주는 소중한 자료로 평가받는다. 1947년 국사원에서 나온 《백범일지》 초판본이다.

나라 사랑하는 마음이 싹트다

"글을 배워 양반이 되고 싶어요. 글방에 보내 주세요." 양반들이 다니는 서당에 가야 하는데, 평민인 김구를 받아 줄 리 없었다. 아버지는 궁리 끝에 사랑방에 글방을 차리고 선생을 데려왔다. 밤낮 없이 공부한 김구는 1892년 과거를 보았으나 낙방했다. 실망감보다 분노가 더 컸다. 과거제가 썩을 대로 썩어 돈을 받고 합격시키거나 미리 합격자를 정해 놓기도 했다. 김구는 양반이 되기는 틀린 세상이라는 걸 비로소 깨달았다. 이 무렵 황해도에도 동학이 퍼졌다.

김구는 동학의 평등사상에 끌려 1893년 입교했다. 얼마 안 가 팔봉 접주가 되었다. 이듬해 '동학 농민 운동'이 일어나자 황해도 농민군을 이끌고 해주성을 공격했으나 맥없이 무너졌다. 김구의 기개를 높이 산 안태환이 김구를 숨겨 주고, 고능선이라는 학자도 소개했다. 고능선은 아무리 재주가 뛰어나고 학문이 깊어도 '의리'에서 벗어나면 세상에 독이 된다는 걸 깨쳐 주었다.

1895년 일제가 '을미사변'을 일으켰다. 국모의 원수를 갚으려고 결심한 김구는 이듬해 3월, 치하포에서 일본군 밀정을 살해했다. 얼마 뒤 붙잡혀 인천 감옥에 갇혔고, 사형 날짜까지 받았다. 그런데 운 좋게도 고종의 특명으로 사형을 면했다. 김구는 "감옥에서 죽으면 왜놈만 좋아한다. 탈옥해도 의리에 어긋나지 않는다."며 1898년 3월, 감옥을 탈출했다.

162

가르치고, 깨우치다

김구는 이 절 저 절 떠돌다 이듬해 5월 집으로 돌아왔다. 김구의 됨됨이를 알아본 오인형이라는 이가 논밭 스무 마지기와 과수원을 빌려주었다. 김구는 '봉양 학교'를 세워 아이들을 가르치며 기독교를 받아들였다. 얼마 뒤에는 장연 학교로 옮겼고, 진남포 예수 교회 청년회 총무를 맡아 선교 활동에도 힘을 쏟았다. 1905년 일제가 강제로 '을사늑약'을 맺었다. 김구는 서울로 올라와 상동 교회 사람들과 함께 대한문 앞에서 을사늑약을 파기하라고 눈물로 호소했다. 하지만 일본군의 총칼 앞에 그냥 물러나야 했다.

1907년부터 김구는 안악의 '양산 학교' 교사로 일하며 '황해도 교육총회'를 만들어 학무총감을 맡았다. 곳곳을 다니며 학교를 세우고, 백성을 깨우쳐 힘을 기르자고 주장했다. 이제 김구는 황해도에서 존경받는 교육자이자, 계몽 운동가가 되었다. 1910년 8월, 일제는 강제로 우리나라를 빼앗았다. 그러던 어느 날, 일본 헌병들이 양산 학교에 들이닥쳐 다짜고짜 김구를 서울로 끌고 갔다. 황해도, 평안도 일대의 독립운동가들이 모두 잡혀 와 있었다. 일제가 독립운동을 탄압하려고 꾸민 이른바 '안악 사건'이었다.

김구는 17년 형을 선고받고 서대문 감옥에 갇혔다. 면회를 온 어머니는 태연히 말했다. "네가 경기 감사가 된 것보다 더 기쁘다. 넌 이제 나만의 아들이 아니라 이 나라의 아들이다." 1915년 8월 풀려난 김구는 중국으로 가기로 결심하고, 차근차근 준비했다.

내 호는 지금부터 '백범'으로 쓴다. '백'은 가장 천한 백정에서 따오고, 범은 평범한 사람이라는 뜻. 하느님, 가장 낮은 백성까지도 애국심을 갖게 하여 독립을 위해 일하게 해 주십시오. 간절히 비나이다, 아멘~.

하느님, 우리나라가 독립해 정부가 생기거든 그 집의 뜰을 쓸고, 유리창을 닦는 일을 해 보고 죽게 해 주십시오! 간절히 기도하나이다, 아멘~.

대한민국 임시 정부의 문지기가 되고 싶소

1919년 3월 말, 상하이로 갔다. 상하이에 모인 독립운동가들은 각 지방 대표를 위원으로 하는 '임시 의정원'을 열고, '대한민국 임시 정부'를 세우기로 했다. 김구는 황해도 대표로 참석했다. 임시 헌장을 만들고 임시 의정원, 국무원, 법원을 두어 삼권을 나누었다. 초대 국무총리에 이승만이 뽑혔으나 미국에 있어서 내무총장 안창호가 국무총리까지 맡았다. 김구는 안창호를 찾아가 임시 정부 문지기를 맡겨 달라고 간청했다.

김구의 사람됨을 알던 안창호는 경무국장을 맡겼다. 첩자를 찾아내 처단하고, 일제의 음모를 깨부수는 중요한 자리였다. 그토록 바라던 문지기가 된 셈이다. 1922년에는 내무총장이 되었다. 하지만 임시 정부는 독립운동 방법과 이념을 둘러싼 다툼, 재정난으로 어려움에 빠졌다. 1926년 12월, '국무령'이 되었으나 형편은 더 나빠졌다. 돌파구가 필요했다.

1931년 김구는 '한인 애국단'을 만들었다. 이듬해 이봉창과 윤봉길 단원의 의거로 임시 정부는 다시 활기를 띠었다. 중국 국민당의 장제스와 만나 함께 일제에 맞서자고 했다. 또 독립운동 단체를 통합하려고 노력했다. 김구는 자신이 이끄는 한국 국민당, 조소앙의 한국 독립당 등 민족주의 계열부터 힘을 모아 1940년 5월, '한국 독립당'을 창당했다.

> **대한민국 임시 정부 임시 헌장**
> **제1조** 대한민국은 민주 공화제로 한다.
> **제2조** 대한민국은 임시 정부가 임시 의정원의 결의에 의하여 통치한다.
> **제3조** 대한민국의 인민은 남녀 귀천 및 빈부의 계급이 없고 일체 평등하다.

모든 인민이 평등하고, 주권이 인민에게 있음을 분명히 밝혔지? 대한민국 임시 정부는 우리 역사상 처음으로 민주 공화제를 실시했어.

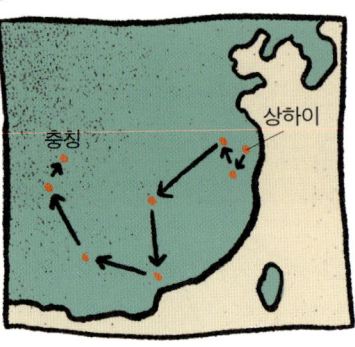

상하이를 거쳐 항저우-전장-창사-광저우-류저우-치장-충칭까지 옮겨 다녔어.

망명 정부의 설움이 얼마나 컸을지 짐작이 간다….

한국광복군이여, 총을 들어라

김구는 '한국광복군'을 만들어 일제와 전쟁을 벌이기로 했다. 1940년 9월, 중국 국민당의 협조로 '한국광복군 총사령부' 발족식을 가졌다. 10월에는 임시 정부 주석에 올랐다. 이듬해 12월, 일제는 진주만을 기습해 '태평양 전쟁'을 일으켰다. 미국까지 전쟁에 뛰어들자, 김구는 머잖아 일제가 망하리라 보았다. 광복 뒤 완전한 독립을 이루려면 임시 정부가 세계 여러 나라의 승인을 받는 게 중요했다. 김구의 발걸음이 빨라졌다.

1943년 연합국 대표들이 카이로에 모여 회담을 열었다. 김구는 한국 독립을 지원해 달라고 요청했다. 1945년에는 중국 국민당과 군사 협정을 맺었다. 또 미군과도 협력해 비밀 훈련을 받으며 국내로 치고 들어갈 준비를 했다. 얼마 뒤 그토록 바라던 광복이 되었다. 하지만 김구는 기쁨보다 걱정이 앞섰다. "이번 전쟁에서 우리가 한 일이 별로 없으니, 앞으로 국제 사회에서 발언권이 약할 수밖에…."

김구는 임시 정부가 한국을 대표하는 유일한 정부라고 생각했다. 그래서 중국 지구 미군 총사령관에게 임시 정부에 국내 치안을 맡기고, 임시 정부의 정치 활동을 간섭하지 말라고 요구했다. 하지만 돌아온 답은 간단했다. "정부 자격으로 귀국할 수 없음. 개인 자격으로 귀국할 것!" 1945년 11월 23일, 김구는 그토록 그리던 조국 땅을 밟았다.

1940년 9월 17일 충칭에 있는 가릉빈관에서 열린 '한국광복군 총사령부 성립전례식'에서 축사하는 김구의 모습이다.

또다시 식민지가 될 수는 없소

당시 한반도는 북위 38도선을 경계로 북쪽은 소련군, 남쪽은 미군이 점령했다. 게다가 민족 지도자들은 서로 한국에 알맞은 정부를 세우겠다며 싸웠다. 가장 큰 갈래는 민족주의자들과 공산주의자들이었다. 국민들은 혼란스러웠다. 이 지도자의 말을 들으면 이것이 옳고, 저 지도자의 말을 들으면 저것이 옳은 듯했다. 김구와 임시 정부에 거는 기대가 클 수밖에 없었다. 1945년 12월 19일, 서울 운동장에서 임시 정부 환영회가 열렸다.

김구는 환영사에서 민족의 힘으로 통일된 자주 국가를 세워야 한다고 강조했다. "모두 단결해야 합니다. 그래야 독립 국가를 이룰 수 있고, 38도선을 없앨 수 있고, 친일파를 뿌리 뽑을 수 있습니다!" 김구는 완전한 자주 독립을 위해 공산주의자와도 만났다. 그러던 그해 12월 말, '모스크바 3상 회의'에서 한국을 신탁 통치하기로 했다는 소식이 전해졌다.

김구는 또다시 식민지가 될 수 없다며 분노했다. 곧바로 임시 정부 국무 회의를 열어 '신탁 통치 반대 국민 총동원 위원회'를 설치했다. 이어 '임정 포고문 제1호'로 모든 행정 기관은 임시 정부 지도 아래 들어올 것을 발표했다. 나아가 미 군정을 폐지하라고 주장했다. 미 군정청은 쿠데타라며 법에 따라 체포하겠다고 협박했다. 김구는 아랑곳하지 않고, '반탁 독립 투쟁 위원회'를 만들어 반탁 운동을 이어 갔다.

1945년 12월 31일 서울 운동장(오늘날 동대문 역사 문화 공원)에서 열린 '신탁 통치 반대 전국 대회'에서 연설하는 김구의 모습이다.

삼팔선을 베고 쓰러질지언정

김구는 민족주의 계열만이라도 힘을 모으려고 임시 정부를 중심으로 '비상 정치 회의'를 열어 임시 정권을 세우겠다고 했다. 이승만의 '독립 촉성 중앙 협의회'도 참여해 이름을 '비상 국민 회의'로 바꾸었다. 자신이 이끄는 한국 독립당과 한국 민주당의 합당 운동도 벌였다. 하지만 비상 국민 회의는 갈수록 미 군정청의 자문 기관으로 변해 갔고, 한국 민주당과의 합당도 허사가 되었다.

한편 미국과 소련은 1946년 3월부터 '제1차 미소 공동 위원회'를 열어 한반도에 임시 정부를 세우는 일을 논의했다. 하지만 미소가 서로 입맛에 맞는 정부를 세우려는 속셈 탓에 아무 성과 없이 깨졌다. 이런 가운데 이승만과 한국 민주당을 중심으로 남한만의 단독 정부를 세우려는 움직임이 일었다. 1947년 7월, 제2차 미소 공동 위원회마저 깨지자 미국은 한국 문제를 유엔(국제 연합)으로 넘겼고 이듬해 2월, 남한만의 총선거가 결정되었다. 민족이 갈라지고 산하가 쪼개질 판이었다.

김구는 빨갱이라는 비난을 무릅쓰고 1948년 4월, 38도선을 넘었다. '남북 연석 회의'에 참석하고 김규식, 김일성, 김두봉과 '4김 회담'을 열어 공동 성명서를 발표했다. 평양을 떠나기 전 김구는 말했다. "삼팔선을 베고 쓰러질지언정 단독 정부 수립에 협력하지 않겠다!" 그러나 8월 15일 남한에 '대한민국'이, 9월 9일 북한에 '조선 민주주의 인민 공화국'이 들어서 남북이 갈라졌다. 그리고 이듬해 6월 26일, 김구는 안두희의 총에 맞아 끝내 조국 통일의 꿈을 이루지 못하고 눈을 감았다.

4김 회담 공동 성명서 주요 내용
첫째, 미군과 소련군의 철수를 요구한다.
둘째, 남북은 서로 침략하지 않는다.
셋째, 전 조선 정치 회의를 열어 임시 정부를 세운 뒤 전국 총선거를 실시해 통일 국가를 수립한다.
넷째, 남한의 단독 선거를 반대한다.

'남북 연석 회의'가 열렸지만, 김구는 인사말만 하고 나오고, 김규식은 참석 안 했어. 대신 김구와 김규식은 남북 요인 회담을 요청했지. 북한이 받아들여 '4김 회담'을 열었고, 성명서를 발표한 거야.

나를 아는 데 필요한 정보 ❼

① 나 이승만은 1875년 3월 26일 황해도 평산에서 태어나 1965년 7월 19일 하와이에서 죽었다.
② 이씨 왕가의 후손이라는 자부심이 대단했다. 고집도 장난 아니어서 내 삶에 '타협' 따위는 없었다. '천상천하 유아독존', 바로 나였다.
③ 독립 협회가 연 '만민 공동회'에서 명연설로 이름을 날렸다.
④ 친일파 스티븐슨을 암살한 장인환, 전명운 의사가 재판받을 때 "기독교인으로서 살인 재판의 통역을 원치 않는다."며 거부했다.
⑤ '국제 연맹'에 '대한민국 임시 정부'를 위임 통치해 달라고 청원했다가 탄핵당했다.
⑥ 광복 뒤 친일파, 반공주의자와 손잡고 세력을 키웠다. 물론 내 뒤에는 미국이라는 든든한 뒷배도 있었다.
⑦ 1948년 7월, 국회 의원 선거로 대한민국 초대 대통령에 당선되었다.

나 이승만을 건국의 아버지라고 불러 다오!

이승만

남한만이라도 단독 정부를 세워야 하오

대한민국을 세운 사람이 누구인지 아는 사람 손? 오~. 백 프로야, 백 프로. 그래, 나 이승만이야. 그런데 벌레 씹은 얼굴을 한 친구들은 뭐니? 음…. 알만 해. 나에 대한 평가는 극에서 극을 달려. 어떤 이는 '외교의 달인', '국부'라고 칭송해. 또 어떤 이는 '분단의 원흉', '독재자'라고 혹독하게 비판하지. 내가 나라와 민족을 위해 공도 세웠지만, 저지른 과오도 만만치 않다는 뜻이겠지…. 난 일찍이 신학문을 깨쳐 언론인으로, 독립 협회 회원으로 활동하며 청년 독립운동가로 이름을 날렸어. 하지만 해외에서 외교 활동으로 나라를 되찾으려고 한 때부터 내 이름은 빛이 바랬지. 권력에 대한 욕심과 야망이 컸던 난 조국과 민족보다 내 이름 석 자가 높이 나는 걸 먼저 생각했거든. 광복 뒤에도 마찬가지였어. 자주 통일 국가를 세우려는 민족의 열망을 외면하고, 끝내 남한만의 단독 정부를 세웠으니까. 아직도 남북으로 갈라져 살고 있다니, 역사와 민족 앞에 씻을 수 없는 죄를 지은 듯해 고개를 못 들겠네….

1945년 광복 뒤 미국에서 귀국한 이승만이 머물던 이화장이다. 원래는 조선 16대 왕인 인조의 셋째 아들 인평 대군이 살던 곳이라고 한다. 이승만은 이곳에서 대한민국 초대 내각을 구성했고, 대통령에 당선된 뒤 잠깐 동안 집무실로 사용했다. 격동치던 정국에서 김구가 머문 경교장과 함께 한국 정치의 중심 역할을 한 곳으로 서울특별시 종로구 이화동에 있다.

왕가의 후손에서 독립운동가로

이승만 집안은 이씨 왕가의 후손이라고는 하나 몰락 양반이나 다름없었다. 교육열이 높던 어머니는 이승만을 위해 1877년 서울로 이사했다. 열 살 때부터 '도동 서당'에 나가 본격적으로 과거를 준비했다. 총명한데다 노력형이던 이승만은 배움의 속도가 빨라, 열세 살 때부터 열한 차례나 과거를 보았다. 하지만 과거제가 썩어 돈도 권력도 없던 이승만은 번번이 낙방했다. '갑오개혁'으로 과거제가 폐지되자 1895년, 배재 학당에 들어갔다.

이승만은 신학문과 성경을 배우며 서구 사상에 눈떴다. 특히 영어 공부에 열중해 6개월 만에 조교사를 할 만큼 실력이 늘었다. 자신감이 붙은 이승만은 '협성회'의 간부로 활동하며 자주 독립, 자유 민권 같은 주제로 토론회를 자주 열었다. 1897년 7월, 이승만은 졸업생 대표로 〈한국의 독립〉이라는 주제로 한국 역사상 최초로 영어 연설을 했다. 이듬해 3월에는 독립 협회가 연 '만민 공동회'에서 러시아의 철수를 요구해 젊은 독립운동가로 인기를 끌었다.

정부는 독립 협회를 탄압하기 시작했다. 이승만은 미국인 의사 집에 숨어 지내다 1899년 1월, 박영효의 고종 폐위 음모에 가담했다는 혐의로 붙잡혀 한성 감옥에 갇혔다. 같은 해 7월, 탈옥을 꾀하다 잡혀 무기 징역을 선고받았다. 이승만은 성경 공부를 하고, 〈독립정신〉을 썼다. 또 같은 감방에 있던 이들에게 한글을 가르치고, 애국심을 일깨워 주었다.

이승만은 청일 전쟁에서 승리한 일제가 러시아와도 전쟁을 벌이려 하자, 독립 정신을 일깨우려고 이 책을 썼어. 지지자들 사이에서 '민족의 성경'이라는 찬사까지 들었다는군.

왼쪽은 1949년에 발행한 《독립정신》 초판본이고, 오른쪽은 1910년 하와이에서 출판한 한글판이다. '자주 독립 정신', '정치 제도의 중요성', '세계 정세의 흐름', '미국 독립의 역사', '청·러·일의 각축', '일본의 의도 등을 담은 역사책이자 외교서이다.

한국의 독립운동가 이승만입니다. 1882년에 맺은 통상 조약 가운데 '미국은 조선을 독립 국가로 인정한다.', '조선이 제3국의 부당한 침략을 받을 경우 미국은 즉각 개입해 조정한다.'는 조항을 지켜 주기를 요청합니다.

겉치레 독립운동가

1904년 8월 풀려난 이승만은 나라를 지키려면 미국의 힘을 빌리는 게 가장 좋다고 생각했다. 뜻을 함께하는 민영환 등과 의견을 모아 미국 정치가들에게 '조미 수호 통상 조약'을 지킬 것을 요청하기로 했다. 그해 11월, 민영환과 한규설 이름으로 된 밀지를 들고 미국으로 간 이승만은 딘스 모어 상원 의원, 헤이 국무 장관, 루스벨트 대통령을 차례로 만났다. 특히 루스벨트와의 만남이 알려지자, 국내외에서 이승만의 이름이 높이 올라갔다. 1905년 11월 일제가 강제로 '을사늑약'을 맺자, 공부를 핑계로 미국에 눌러앉았다.

이승만은 조지 워싱턴 대학을 거쳐 1908년 프린스턴 대학에 들어갔다. 그해 3월, 장인환, 전명운 의사가 친일파 미국인 스티븐슨을 암살했다. 동포들은 법정 통역을 부탁했다. 이승만은 "기독교인으로 살인 재판을 통역할 수 없다."며 거절해 크게 원성을 샀다. 1910년 9월 귀국했으나 그해 말 일제가 '안악 사건'을 꾸며 독립운동가들을 잡아들이자, 다시 미국으로 갔다.

이승만은 1913년 2월, 박용만의 도움으로 하와이에 정착했다. 《태평양잡지》를 펴내며 독립 정신을 일깨웠다. 어느 정도 자리를 잡자 1915년부터 '대한인 국민회' 하와이 지방 총회의 주도권을 놓고 박용만과 다투었고, 1918년쯤 주도권을 쥐었다. 그러나 이듬해 2월, 국제 연맹에 한국의 위임 통치를 청원하여 "이완용보다 더한 매국노"라는 비난을 들었다.

탄핵당한 대한민국 임시 정부 대통령

1919년 9월, 이승만은 '대한민국 임시 정부' 임시 대통령에 뽑혔다. 미국과 가까운 인물이라 외교에 유리하다는 이유가 가장 컸다. 이듬해 12월에야 상하이로 갔다. 국무 위원들은 상하이에 머물라고 요구했다. 불가능하면 국무총리에게 결재권을 넘기고, 보고를 받으라고 했다. 하지만 외교 활동이 중요해 눌러앉을 수 없고, 결재권도 넘겨줄 수 없다고 버텼다. 1921년 5월, 이승만은 '외교상 긴급'이라는 핑계를 대고 하와이로 갔다.

1924년 이승만은 '대한인 동지회'를 만들어 종신 총재에 앉았다. 전해에는 자신이 운영하는 '한인 기독 학원'의 학생으로 '하와이 학생 고국 방문단'을 꾸려 일제의 도움으로 조국을 방문케 했다. 심지어 임시 정부의 허락도 없이 '독립 공채'를 팔아 활동비로 쓰는 비리까지 저질렀다. 국내외에서 비난이 빗발쳤다. 결국 임시 정부는 1925년 이승만을 탄핵했다. 하지만 쉽게 버리지 못했다. 1932년 임시 정부 전권 대사가 되어 국제 사회에 임시 정부 승인, 군사 지원 등을 요청하는 외교 활동을 폈다. 그러나 별 성과가 없었다.

1941년 일제가 '태평양 전쟁'을 일으키자, 이승만은 더할 나위 없이 좋은 기회라고 생각했다. 미국 대통령, 국무부, 정보 기관과 끈질기게 접촉하며 임시 정부 승인, 한국광복군에 대한 지원을 요청했다. 그러나 이번에도 헛수고로 끝났다. 1944년 일제의 패망을 확신한 이승만은 은밀하게 '협찬부'라는 새로운 임시 정부를 세우려다 교포들의 반발로 이마저 실패했다.

> 항일 무장 투쟁, 일제 고위 관리 암살, 중국이나 소련과의 항일 연합 전선 활동은 일제의 탄압만 키울 뿐이다. 외교를 통해 독립을 이루는 게 가장 빠른 길이다!

임시 정부의 외교를 담당한 워싱턴에 있던 '구미 위원부' 공관 앞에서 직원들과 함께한 이승만의 모습으로, 앞줄 맨 왼쪽이 이승만이다. 탄핵과 함께 '구미 위원부' 폐지령을 내렸으나 이승만은 미 정계의 인맥을 앞세워 1941년, 임시 정부 '주미 외교 위원부' 위원장이 되었다.

대한민국 초대 대통령

이승만은 일제가 항복한 걸 누구보다 빨리 알았다. 임시 정부보다 먼저 귀국해야 한다고 생각한 이승만은 맥아더에게 편지를 보냈다. 한국 사정에 어두운 맥아더는 이승만이 반공, 친미 지도자라고 여겨 도와주었다. 10월 16일 귀국한 이승만은 여운형과 김구를 견제하려고 곧바로 '독립 촉성 중앙 협의회(독촉)'를 만들었다. 국내 기반이 없던 이승만은 미 군정을 등에 업고 한국 민주당, 반공주의자들을 중심으로 빠르게 세를 불려 나갔다.

1945년 말, '신탁 통치'가 한국을 휩쓸었다. 조선 공산당 등 좌파는 신탁 통치를 지지하며 '민주주의 민족전선'을 결성했다. 우파는 임시 정부를 중심으로 이승만의 독촉과 함께 '비상 국민 회의'를 만들어 이승만을 의장에 앉혔다. 이승만은 "신탁 통치에 반대하고 조국의 독립을 지키려면 뭉쳐야 한다. 뭉치면 살고 흩어지면 죽는다."고 주장했다. 이승만은 자신을 중심으로 미국에 우호적인 정부를 남한에 세워야 한다고 생각했다.

우파 세력을 모으려고 전국을 돌던 이승만은 1946년 6월 정읍에서 "남한만이라도 임시 정부나 위원회를 만들어 38도선 이북에서 소련이 물러나도록 세계 여론에 호소해야 한다."며 단독 정부 수립을 노골적으로 주장했다. 결국 이승만의 뜻대로 1948년 5월, 남한만의 단독 선거가 실시되었다. 서울 동대문구 갑구 국회 의원에 당선된 이승만은 '제헌 의회(국회)' 의장을 거쳐 7월 26일, 국회 의원 선거로 대한민국 초대 대통령이 되었다. 이어 남한과 북한에 각각 정부가 들어서 남북이 분단되었다.

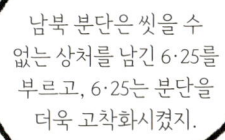

이승만은 온갖 부정한 방법으로 1952년 두 번째, 1956년 세 번째 대통령이 되었다. 그러고는 부정부패를 일삼으며 혹독한 독재 정치를 폈다. 결국 참다못한 국민들이 1960년 4·19 혁명을 일으켜 이승만을 몰아냈다. 4·19 혁명 당시 이승만의 하야를 요구하는 시위대의 모습이다.

청산하지 못한 역사, 친일파

일제 강점기, 나라와 민족을 팔아 부귀영화를 누린 친일파. 이들 가운데는 이완용처럼 일제 초기부터 친일에 앞장선 자도 있었지만, 3·1 운동을 이끄는 등 독립운동을 한 이들도 있었다. 광복이 되자, 친일파를 처단하라는 요구가 봇물 터지듯 터져 나왔다.

미국 놈 믿지 마라

미 군정은 친일파를 청산하라는 한국인들의 요구에 귀를 기울이지 않았다. 오히려 한국 상황을 제대로 모르던 미 군정은 일제의 식민 통치 방식을 그대로 유지하는 편이 좋다고 판단했다. 그래서 일제에 협조한 경험을 가진 친일파를 각 분야에 적극적으로 앉혔다. 덕분에 친일파들은 자신들의 지위를 계속 유지할 수 있었고, 심지어 더 높은 자리까지 올라간 친일파도 생겼다.

반민족 행위 특별 조사 위원회

1948년 대한민국 정부가 들어서자, 국회에서 '반민족 행위 처벌법(반민법)'을 논의하기 시작했다. 국민들은 열렬히 환영했다. 하지만 친일파들은 "반민법은 공산당을 즐겁게 하는 것."이라며 갖은 수단과 방법을 동원해 반민법 제정을 막으려고 했다. 1948년 9월, 가까스로 반민법이 통과되었고, '반민족 행위 특별 조사 위원회(반민 특위)'가 꾸려졌다. 이어 특별 재판부와 특별 검찰을 구성하고, 본격적인 활동을 시작해 이광수, 최남선, 박흥식, 김연수, 최린, 노덕술, 김태석 등 친일파 305명을 잡아들였다. 친일 경찰들은 반민 특위 간부들을 공격하고 암살하려고 하는 등 갖은 방해를 했다. 급기야 1949년 6월에는 친일 경찰 40명이 반민 특위 사무실을 습격했다. 이들 친일 경찰 뒤에는 이승만이 있었다.

경성 방직 사장 김연수는 만주국 명예 총영사를 지냈고, 3·1 운동 민족 대표 최린은 징병과 징용을 선동했다. 노덕술은 '고문왕'으로 악명을 떨친 친일 경찰이었다. 앞에서부터 반민 특위에 잡혀가는 노덕술, 김연수, 최린으로 당시 《주간서울》에 실린 기사이다.

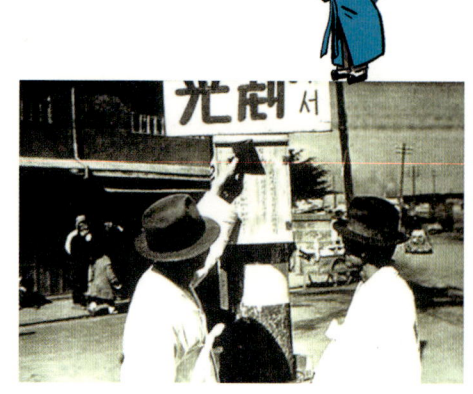

반민 특위 전남 조사부가 친일파에 대한 신고를 받으려고 설치한 사서함에 투서를 넣는 모습이야.

친일파를 지켜 준 이승만

이승만은 무엇보다 공산주의와 싸우는 게 중요하다며 과거의 잘못 때문에 유능한 사람을 처벌할 수 없다고 주장했다. 친일 의혹을 받고 있던 이들도 반민 특위가 활동하면서 위기감이 높아졌다. 게다가 개혁파 국회 의원들까지 나서 김구와 손잡고 친일파 청산, 토지 개혁, 외국군 철수, 남북 협상 등을 내세웠다. 이승만한테는 이들 모두 적이나 다름없었다. 1949년 6월, 미군이 철수하고 김구가 극우 세력에게 암살당했다. 개혁파 국회 의원들은 공산주의자, 빨갱이로 내몰렸다. 결국 그해 8월 22일, 국회에서 반민 특위 폐지안이 통과되었고, 반민 특위는 해체되었다. 이로써 광복 뒤 가장 큰 과제이던 친일파 청산은 끝내 물거품이 되고 말았다.

민족을 반역한 행위가 무죄라니!

반민 특위가 해체되고 그 업무를 대법원과 대검찰청이 이어받았다. 그리고 실형 7명, 집행 유예 5명, 공민권 정지 18명 등 고작 30명만 처벌을 받았고, 대부분 무죄로 풀려났다. 비행기를 헌납해 일제의 전쟁을 적극 도운 박흥식, 고등계 경사를 거쳐 중추원 참의까지 지내며 강우규 등 수많은 애국지사를 고문한 김태석, 조선과 일본은 한 뿌리라는 '동조동근론'을 펼치며 조선의 젊은이들을 일제의 총알받이로 내몬 이광수, '임전보국단' 단장으로 활약한 최린. 이들은 역사의 한 구석에서 여전히 최고의 경찰, 최고의 문학가, 3·1 운동 지도자, 조선의 근대 자본주의를 이끈 자들로 그 이름을 올리고 있다.

반민 특위 특별 재판부의 모습이야.

역사를 바로 세워야 나라가 바로 선다

제2차 세계 대전이 끝나고 전범 재판이 없던 유일한 나라가 바로 우리나라였다. 친일파들의 후손은 오늘날에도 한국 사회에서 막강한 영향력을 행사하고 있다. 그래서 "친일을 하면 3대가 흥하고, 독립운동을 하면 3대가 망한다."는 명언 같은 망언이 지금도 입에서 입으로 전해진다. "역사를 잊은 민족에게 미래는 없다."는 말이 있다. 과거를 돌아보고 현재를 변화시키려고 노력할 때 우리는 참다운 미래와 만날 수 있다.

찾아보기

ㄱ

갑신정변 6, 18~19, 21, 24~25, 36~37, 41
갑오개혁 7, 21, 26, 34, 36~37, 40, 146, 170
강화도 조약 6, 18, 22, 36
개화파 6, 19, 21~25, 36~37, 40, 42
경학사 54, 59
고부 봉기 25, 27
고종 6~8, 12~13, 17, 21~22, 24~25, 30, 37~38, 41~42, 46~49, 54, 58~59, 62, 67, 75, 77, 79~80, 82~83, 162, 170
광주 학생 항일 운동 8, 115
국채 보상 운동 7, 75, 102
김개남 28~29, 33
김구 129, 145, 156~158, 161~167, 169, 173, 175
김규식 150, 154, 158, 165
김기수 22, 122
김덕명 28~29, 33, 35
김옥균 18~25, 36
김원봉 110, 114, 128
김좌진 8, 84~91, 114
김홍집 20~22

ㄴ

나운규 92~101
나혜석 116~121
남북 연석 회의 160, 167
내선일체 9, 143~144, 147

ㄷ

단발령 7, 50, 52
대성 학교 64, 69, 113
대한 광복회 52, 88~89
대한 독립군 90, 92, 96, 114
《대한매일신보》 106~107, 113
대한민국 9, 82~83, 85, 135, 164, 167~169, 174
대한민국 임시 정부 8, 56, 62, 64, 71, 83, 89, 109, 128, 140, 154, 160~161, 164, 168, 172
대한인 국민회 65, 68, 70~71, 171
대한 제국 7, 42, 44, 54, 67, 82~83, 89
《독립신문》 41, 82, 113, 140
독립 협회 7, 21, 38~39, 41~42, 44~45, 47, 64, 66, 82, 105, 168~170
《동아일보》 8, 126, 130, 142~143, 150, 155, 157

동학 6, 26~30, 138, 162
동학 농민 운동 7, 26, 28~29, 161~162

ㄹ

러시아 16, 22, 36~37, 39, 41~42, 47~48, 53, 73, 76~77, 82~83, 154, 170
러일 전쟁 7, 48, 59, 69, 75, 83, 106, 138

ㅁ

만국 평화 회의 7, 49, 59, 141
만민 공동회 38~39, 42, 105, 108, 110
《매일신보》 106~107, 113, 118~120, 137, 140
모스크바 3상 회의 157, 166
《무정》 136~137, 139
미국 6, 16~17, 21~22, 28, 36, 40~41, 45~47, 67~68, 70~71, 80, 82~83, 109, 113, 151, 155~157, 164, 167~174
미 군정 151, 156~158, 164, 174
미소 공동 위원회 157, 159, 167
민영환 59, 126, 171
민족 자결주의 80, 133, 140

ㅂ

박규수 18, 21
반민족 행위 처벌법 145, 174
반민족 행위 특별 조사 위원회 174
박상진 52~53, 88
박영효 21, 24~25, 170
박정양 21, 40, 42
반탁 운동 160, 166
《백범일지》 145, 161
별기군 6, 22, 36

병인양요 6, 16, 21
북로 군정서 84, 88~90, 114

ㅅ

사발통문 27, 29
산미 증식 계획 8, 113
38도선 9, 156, 160, 166~167, 173
3·1 독립선언서 79~81, 139, 141
3·1 운동 8, 46, 78, 80, 83, 85, 89~90, 94, 96, 113, 116, 120, 124, 141~142, 153~154, 174~175
서광범 21, 24, 25
서재필 41, 47, 82
세도 정치 12, 14~15
소련 90, 151, 156~157, 172~173
손기정 150, 155
손병희 29, 52
손화중 28~29, 32, 35
쇄국 정책 17
수신사 21~22, 36, 122
수양 동우회 65, 71, 136, 143
〈시일야방성대곡〉 106
식민 사관 115
신간회 8, 38, 43, 115
신돌석 7, 50~55, 112
신미양요 6, 16
신민회 7, 59, 69, 107~108, 113
신채호 69, 89, 102~111, 154
신탁 통치 157, 160, 166, 173
신한 청년당 113, 150, 154, 158
신흥 무관 학교 56, 61~62, 89
13도 창의군 7, 50, 55, 112

ㅇ

아관 파천 7, 21, 47, 82
〈아리랑〉 92~94, 100~101
안창호 62~69, 139~141, 143, 151, 162
암태도 소작 쟁의 8, 113
양기탁 59
애국 계몽 운동 59, 61, 72, 78, 80, 87, 113, 115
여운형 9, 109, 150~159, 173
영국 16, 21, 23, 36~37, 77, 83, 112, 123
영선사 22, 36
《우리말본》 130~131, 133~134
위안부 48
위정척사파 21~22
유관순 78~81
유길준 20~21
윤봉길 9, 71, 124~129, 160~161, 164
윤치호 21, 23~24, 43, 47
을미사변 7, 41, 47, 82, 162
을사늑약 7, 44, 48, 50, 53, 59, 69, 72, 75, 77, 79, 83, 87, 106, 112, 153, 163, 171
의병 7, 50~55, 58, 69, 75~77, 82~83, 106, 112~113, 161
의열단 63, 110, 128
이광수 64, 136~145, 174~175
이동녕 59, 61~62, 69
이봉창 9, 128~129, 160, 164
이상설 7, 58~59, 62
이상재 38~43, 56, 58
이승만 43, 62, 109, 151, 156~158, 164, 167~175
이완용 40, 44~49, 171, 174
이토 히로부미 7, 48~49, 59, 65, 72~73, 76~77
〈2·8 독립선언서〉 113, 136, 140~141
이회영 56~63, 69, 89, 153
일본 6~9, 18~19, 21~25, 28, 34~37, 39, 43~45, 47~53, 55, 58~60, 63, 67, 69, 73~75, 77, 79, 82~83, 100, 103, 107, 112~113, 115, 118~119, 122, 125~126, 128~129, 132, 134, 137~141, 144~145, 147~149, 154, 163, 170
일제 6~9, 21, 38~39, 43, 49, 51, 56~57, 59~60, 62~63, 65, 69~70, 72~73, 75, 79, 85, 88, 90~91, 93~94, 96, 100~102, 106, 108~111, 113~115, 122, 124~125, 127~129, 131~132, 134, 137, 139~151, 153~155, 158, 160, 162~165, 170~175
일진회 137~138, 153
임오군란 6, 23, 36

ㅈ

자치 운동 43, 142, 154
전봉준 26~35
제2차 세계 대전 9, 175
제1차 세계 대전 8, 80, 113, 140, 154
조사 시찰단 21~22, 36, 40
조선 6~7, 12~13, 15~17, 19, 21, 23~24, 27~30, 34, 36~37, 39, 44~47, 49, 56, 58, 63, 74, 80~83, 85, 92~93, 96, 99~100, 103, 105~106, 111, 114~115, 117, 120, 123~125, 127~129, 133, 136~144, 146~147, 150~152, 154~155, 156, 156, 167, 169~170
조선 건국 동맹 9, 150~151, 159
조선 건국 준비 위원회 9, 150, 156

조선 공산당 115, 157~158, 173
《조선상고사》 102~103
조선어 학회 9, 115, 130, 134
《조선일보》 8, 103, 111, 126, 139
《조선중앙일보》 150, 155
《조선책략》 21~22
조선 총독부 49, 80, 83, 133, 140
〈조선 혁명 선언〉 102, 110
조소앙 89, 106, 164
좌우 합작 9, 158~159
중국 8, 18, 25, 57, 61, 69, 74, 83, 85, 102, 106, 108, 111, 125, 129, 140, 151~154, 163, 165, 172
중일 전쟁 9, 65, 134, 143, 146, 149, 155
집강소 26, 34
징병 144, 174
징용 174

ㅊ

창씨개명 144, 147
척화비 17
청나라 19, 21~25, 34, 36~37, 39, 41, 48, 105, 152
청산리 대첩 8, 61, 84~85, 89~90
청일 전쟁 7, 21, 34, 37, 47, 64, 66, 74, 82, 170
최경선 27~29, 35
최남선 81, 136, 139, 144, 174
최린 113, 116, 121, 174~175
최시형 29~30
최익현 7, 22, 36, 112
최현배 130~135
친일파 21, 44, 49, 100, 102, 139, 145, 153~154, 156, 158~159, 166, 168, 174~175

ㅋ

《큰사전》 130, 134~135

ㅌ

태평양 전쟁 9, 101, 144, 146, 149, 164, 172
토지 조사 사업 8, 114
통감부 48, 54

ㅍ

파리 강화 회의 80, 113, 150
프랑스 6, 16~17, 23~24, 37, 74

ㅎ

한국광복군 9, 160, 165
한국 민주당 156, 167, 173
한규설 42, 48, 59, 171
한인 애국단 124, 129, 160, 164,
한일 병합 조약 8, 44~45, 49, 83, 141
항일 무장 투쟁 61, 69, 84, 90, 114, 172
헌병 경찰제 83
헤이그 특사 75
헌의 6조 7, 38, 42
홍명희 136, 139, 142
홍범도 8, 85, 90~91, 96, 112, 114
홍영식 19, 21, 24~25
홍사단 64~65, 70~71, 141~142
흥선 대원군 6, 12~13, 15~17, 21

- 본문에 나오는 날짜는 1896년 이전은 음력, 1896년부터는 양력 기준이다.
- 역사 용어는 교육부에서 펴낸 〈교과서 편수자료〉에 따랐다.
- 맞춤법, 띄어쓰기는 국립국어원 《표준국어대사전》을 기준으로 삼았다.
- 국립국어원의 외래어 표기법에 따라 중국 인명은 과거인과 현대인을 구분하여 과거인은 한자음대로 표기하고, 현대인은 현지음으로 표기하였다. 일본 인명은 현지음으로 표기하였다.
- 국립국어원의 외래어 표기법에 따라 중국 지명은 현재 쓰이지 않는 것은 한자음으로 표기하고, 현재 지명과 동일한 것은 현지음으로 표기하였다.

 사진 자료 제공 및 출처

《거대한 감옥, 식민지에 살다》 - 민족문제연구소 강제병합 100년특별전도록
《격동의 구한말 역사의 현장》 - 조선일보사
《그들의 시선으로 본 근대》 - 서울대학교박물관소장 유리건판사진전도록
《근대, 관광을 시작하다》 - 부산근대역사관 특별전도록
《100년 전의 기억, 대한제국》 - 국립고궁박물관, 서울대학교 규장각한국학연구원 공동주최 특별전도록
《100년 전의 사진 기록 서울 20세기》 - 서울시정개발연구원, 서울학연구소 특별전도록
《잃어버린 시간, 식민지의 삶》 - 성균관대학교 광복70주년 특별전도록
《사진으로 보는 독립운동》 상, 하 - 서문당
《사진으로 보는 서울백년》 - 서울특별시
《사진으로 본 백년 전의 한국》 - 카톨릭출판사
《사진으로 보는 서울YMCA운동 100년》 - 서울YMCA
《아사히백과》 - 아사히신문사
《1901년 체코인 브라즈이 서울 방문》 - 서울역사박물관 특별전도록
《철도박물관도록》 - 한국철도

고려대학교도서관 · 공훈전자사료관 · 국가기록원 · 국가문화유산포털 · 국가보훈처 · 국립중앙도서관 · 국립중앙박물관 · 국사편찬위원회 · 근현대디자인박물관 · 뉴욕공립도서관 · 대한민국역사박물관 · 대한민국임시정부기념사업회 · 도쿄경제대학교도서관 · 독립기념관 · 목포근대역사관 · 문화재청 · 문화콘텐츠닷컴 · 부산근대역사관 · 서울역사박물관 · 서울학연구소 · 외솔기념관 · 의병박물관 · 이승만건국대통령기념사업회 · 전기박물관 · KT박물관 · 콘텐츠뱅크 · 한국데이터베이스시스템 · 한국영상자료원

이 책에 사용한 사진 자료의 출처를 찾으려고 최선을 다했습니다. 저작권이 있는 경우는 저작권자의 허락을 받아 실었습니다. 혹 잘못된 내용이 있으면 연락 주십시오. 다음 쇄를 찍을 때 꼭 수정하겠습니다.